MW00679237

Departamento de publicaciones especiales

Coordinación editorial y comercial
Luis Mariano Barone

Dirección creativa
Carlos Alberto Cuevas

Coordinación de obras y marketing
Ana María Pereira

Dirección de arte
Armando Andrés Rodríguez

Edición y supervisión de la obra
Laura Alejandra Romaniello - Federico Docampo

Edición ejecutiva
Gabriela Andrea Fazzito

Diagramación y diseño
Ana Solange Coste - Mariana Paula Duarte

Ilustraciones
Víctor Páez

Fotografías especiales
Julia Anguita - Ariel Carlomagno

Impreso en Pressur Corporation S.A.
República Oriental del Uruguay

Todos los derechos reservados
© **CULTURAL LIBRERA AMERICANA S.A.**
Buenos Aires - Rep. Argentina

Presente edición:
© **LATINBOOKS INTERNACIONAL S.A.**
Montevideo - Rep. O. del Uruguay

ISBN: 9974-7919-1-X

Edición 2005-2006

Queda prohibida la reproducción total o parcial de este libro, así como su tratamiento informático, grabación magnética o cualquier almacenamiento de información o sistemas de recuperación o por otros medios, ya sean electrónicos, mecánicos, por fotocopia, registro, etc., sin el permiso previo y por escrito de los titulares del copyright.

371.3   Forero, María Teresa
FOR   Cómo leer velozmente y recordar mejor : Lectura
        y memorización rápida / María Teresa Forero. --
        Montevideo, Rep. Oriental del Uruguay :
        © Latinbooks International S.A., 2005.
        120 p. : il. ; 18 x 25.5 cm.

        ISBN 9974-7919-1-X

        1. LECTURA VELOZ. 2. MEMORIZACIÓN RÁPIDA.
        3. COMPRENSIÓN DE TEXTOS-ESTRATEGIAS.
        4. ESTRATEGIAS PARA SER UN BUEN LECTOR.
        I. Título.

Lic. María Teresa Forero

Cómo **leer velozmente** y recordar mejor

Lectura y memorización rápida

CONCEPTO

LATINBOOKS

A modo de presentación

Si nos preguntan qué es la lectura, seguramente responderemos que se trata de la acción de leer. Pero a la hora de interpretar los datos proporcionados por un texto, frecuentemente encontramos ciertas dificultades.

Esta obra intenta incentivar y desarrollar en los lectores distintas herramientas que facilitan la buena interpretación de todo aquello que leemos, estimula a aprender a totalizar el contenido y a relacionar sus conceptos.
De este modo, resalta la actividad de leer como un proceso interactivo en que una persona recibe las reflexiones y percepciones de otra, para darles un significado vinculado a la experiencia personal de cada lector, a partir de la cual entran en juego las propias creencias, posturas y certezas.

Abordamos técnicas de concentración y memorización, desarrollamos distintos procedimientos para realizar resúmenes y también subrayamos la importancia de las posturas corporales para sacar más provecho a la lectura. Describimos los diversos cuerpos que integran la estructura de la obra, de modo que al enfrentarnos con el deber de desarrollar una investigación sepamos reconocer con rapidez la utilidad que puede darnos cada libro.

Ofrecemos técnicas de lectura veloz para abordar y comprender el texto en un tiempo reducido. Esto permite adaptarse al vertiginoso desarrollo de los medios informativos, que vuelcan diariamente sobre el público una cantidad inusitada de material escrito.
En fin, consideramos que la lectura es uno de los pilares principales para construir conocimientos y desarrollar el pensamiento autónomo y crítico. Anhelamos con este volumen aportar herramientas indispensables para facilitar ese asombroso camino.

Los editores

Índice general del volumen

¿Cómo ser un buen lector?

> › *El proceso de la lectura.*

> › *Condiciones básicas.*

¿Cómo empezar a recorrer este camino que parece tan complejo? En un principio, debemos responder las preguntas que la lectura nos hace: ¿Con qué ánimo la abordamos? ¿Qué predisposición tenemos para asimilarla? ¿En qué condiciones físicas y ambientales la emprendemos?

El proceso de la lectura
La habilidad de leer

Los conocimientos más elevados nos llegan a través de la letra impresa; de aquí proviene la importancia de convertirse en lectores habilidosos y competentes y la necesidad de poseer un alto nivel en hábitos lectores.

¿Para qué leemos?

Leer es una habilidad, una destreza que implica comprender y retener conceptos.

Si reflexionas un momento, verás que la lectura forma parte de nuestra vida cotidiana: leemos el periódico, folletos de todo tipo, instrucciones para preparar una comida, revistas, historietas, cartas, textos de Internet, papeles de trabajo o de estudio... y libros.

Si no supiésemos leer, muchas actividades se verían seriamente entorpecidas.

Para la mayoría de las personas, leer es reconocer palabras y entender lo que ellas expresan. Reconocer las palabras es comprender el significado de cada uno de los términos y también comprender cómo se combinan en frases, párrafos, etcétera. Sin embargo, no siempre se tiene en cuenta que al leer establecemos una suerte de diálogo con el autor, comparando sus ideas con las nuestras, es decir, evaluando lo que el autor nos dice. Cada tipo de texto se aborda de manera específica. Por eso es importante conocer las distintas clases de lectura.

Jorge Luis Borges (1899–1984) dijo: "Si un libro lo aburre, ese libro no fue escrito para usted".

A veces un libro atrapa tanto que deseamos tener más tiempo libre para seguir leyendo. Ser lector no es lo mismo que ser un "traga libros": bastan 30 minutos diarios y algo más los fines de semana y en vacaciones. Las personas habituadas a la lectura la asocian con la nutrición, la vitalidad y el desarrollo personal. Dicen, por ejemplo, que leer es un alimento para el espíritu, que es una compañia, que desconecta de los problemas diarios y que enseña a pensar.

La lectura es una posibilidad de maduración.

Lectura por placer

Durante el siglo XX se produjo un desarrollo inusitado de los medios de comunicación, lo que hizo suponer que éstos iban a suplir a la lectura. En un principio, la aparición de la radio con sus programas de noticias hizo pensar que se leerían menos diarios. Luego, la televisión ofreció información y entretenimiento, lo que efectivamente produjo una disminución en el tiempo de lectura de mucha gente.

Sin embargo, el que lee por placer afirma que la lectura deja más libre la imaginación, posibilita recrear a cada uno lo que siente o entiende y, sobre todo, permite reflexionar, lo que es prácticamente imposible con la televisión. La gran mayoría de los contenidos culturales nos llegan por la lectura. En cambio, con la televisión eso ocurre muy raramente.

Lectura por obligación

Este tipo de lectura está asociado al estudio y al trabajo. La mayoría de los adultos señala que el período de la escuela secundaria representa la etapa en la que debieron leer por obligación. Esta manera de leer, dicen los encuestados, no les dejaba libertad de elección, y por lo tanto en muchos casos la rechazaban. Los estudiantes deben tener en cuenta que las lecturas obligatorias son las que

se consideran mínimas para una buena formación. Los profesores suelen elegir los libros adecuados para cada edad y que puedan aportar ideas interesantes.

Tener claro el propósito de la lectura nos permite abordarla de manera eficiente.

Muchos jóvenes dicen que no les gusta leer. En la medida en que uno vaya a la lectura suponiendo que se aburrirá... es muy probable que se aburra. Se ha dicho que leer algo significa arriesgarse a una transformación. Después de leer ya no seremos las mismas personas: quizá tengamos un poco más de cultura. Si no es así, si nos quedamos con la terca idea de que esa lectura escolar no sirve para nada, también seremos distintos, pues habremos atrofiado un poco nuestra capacidad de razonamiento lógico.

Debemos predisponernos a leer con una actitud de búsqueda, de aventura.

Lectura para indagar

Cuando nos interesa un tema, o cuando preparamos un trabajo para una exposición oral o escrita, buscamos lecturas para saber más de ese tema. Comparamos los textos y hacemos algo así como un debate entre libros. También debatimos nosotros mismos con los autores, tomamos partido. Esas lecturas nos confrontan con nuestros conocimientos o creencias, las afirman o las cuestionan. Quien lee de este modo reflexiona sobre el texto que lee: puede "destruir" algunas afirmaciones previas para luego superar sus certezas con nuevas ideas y nuevos criterios.

Lectura para seguir instrucciones

Es aquella que nos enfrenta a los textos que nos indican cómo hacer algo. Puede tratarse de una receta de cocina o de las instrucciones para armar una caja. El lector primero debe leer todas las instrucciones para tener una idea de conjunto, y luego releerlas al iniciar la actividad. Es distinta la atención que ponemos al leer un mail de nuestra enamorada que al leer instrucciones. En el primer caso buscaremos señales de amor, en el segundo trataremos de sacar provecho del conocimiento adquirido.

Los campamentos para pernoctar en las montañas...

Condiciones básicas para la lectura

Aunque parezca obvio, muchas veces olvidamos que para poder leer necesitamos... buenas condiciones físicas.

Algunas condiciones

Salud ocular

Es indispensable tener buena salud ocular. Los síntomas más frecuentes de que algo puede estar mal al respecto son:

- Mala visión de cerca, de lejos o ambas.

- Problemas para enfocar.

- Fatiga visual.

- Sensación de vértigo.

- Molestias con la luz.

- Dolor de cabeza luego de haber fijado la vista por un tiempo prolongado.

- Ardor de ojos.

- Ojos enrojecidos.

- Aparición de orzuelos.

Si aparece cualquiera de estos síntomas, será preciso visitar a un oftalmólogo.

Iluminación

Una iluminación adecuada retarda la fatiga que se produce como consecuencia de la lectura. Lo mejor es leer con luz natural, pero cuando eso no es posible habrá que contar con dos fuentes de luz: una servirá como iluminación de fondo, la otra será una luz que iluminará directamente el texto. En este caso se deben evitar los resplandores que deslumbran.

En cuanto aparece una dificultad para leer, es conveniente acudir al oftalmólogo.

Para poder leer es indispensable tener buena salud ocular.

Exámenes visuales

Solamente un examen exhaustivo y un perfecto análisis de las condiciones visuales pueden determinar el estado de la visión. Si se trata de un problema de tipo "visual", se puede indicar el uso de anteojos o lentes de contacto, o bien recomendar un tratamiento ortóptico, el cual consiste en realizar determinados ejercicios para mejorar las condiciones visuales. Si la disminución de la visión se debe a una enfermedad ocular, puede que se necesite alguna medicación u otro tipo de tratamiento médico. El oftalmólogo es realmente el mejor amigo de los ojos. Sus consejos o tratamientos nos ayudan a mejorar o mantener el rendimiento en los estudios, en lo laboral u ocupacional, o simplemente nos permite hacer más placenteros los deportes o la recreación. Es conveniente que un estudiante se someta a un examen visual cada uno o dos años.

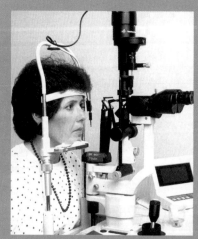

La visión es uno de los más importantes sentidos del ser humano. Su cuidado requiere la visita periódica al especialista.

Tener doble fuente de luz evita los contrastes violentos de luces y sombras. Cuando se está ante una computadora, deben evitarse los reflejos sobre la pantalla del monitor. También conviene graduar los brillos y contrastes de la pantalla para que no sean violentos. Conviene tener una pantalla que atenúe los brillos y es mejor agrandar la letra cuando sea menor a cuerpo once.

Mitos y realidades acerca de la visión

La Academia Estadounidense de Oftalmología suele responder claramente a las preguntas más habituales de los padres relacionadas con supuestos transmitidos de persona a persona. Algunas de estas preguntas son:

▣ ¿Es cierto que acercarse al televisor daña la vista de los niños y jóvenes?

No existe prueba alguna de que esto dañe los ojos. Un oftalmólogo dijo con evidente sentido del humor: "¡La televisión no daña los ojos de los niños sino su cerebro!". Y agregó que los niños pueden enfocar de cerca mejor que los adultos sin que se les canse la vista, por eso a menudo acostumbran sentarse a poca distancia del televisor o acercar demasiado los ojos a lo que leen. Sin embargo, el hecho de que el niño se siente demasiado cerca del televisor podría indicar que padece de miopía.

cualquier trabajo fijando la vista de cerca). La frecuencia baja de parpadeo hace que los ojos se sequen y esto podría producir la sensación de tener la vista cansada. "En resumidas cuentas, probablemente no es bueno trabajar con la computadora por períodos largos de tiempo, así que tome descansos cuando esté usando la computadora o jugando videojuegos", afirma el Dr. Bernstein.

▣ ¿Hay que comer mucha zanahoria para mejorar la visión?

Si bien es cierto que las zanahorias son ricas en vitamina A, esencial para la vista, muchos otros alimentos (por ejemplo los espárragos, los albaricoques, las espinacas, el hígado vacuno, la leche y sus derivados, etcétera) también contienen vitamina A. Por lo tanto, una dieta bien balanceada proporciona toda la vitamina A necesaria para disfrutar de una buena visión.

▣ ¿El uso de la computadora daña los ojos?

Según la Academia Estadounidense de Oftalmología, trabajar con computadoras no daña los ojos. Sin embargo, cuando se usa una computadora durante un tiempo prolongado los ojos parpadean menos veces que lo normal (igual que cuando se lee o se realiza

▣ ¿La mala vista es hereditaria?

Lamentablemente, a veces esto es cierto. Si los padres necesitan gafas para ver bien o han desarrollado un problema ocular (por ejemplo, cataratas), el hijo podría heredar la misma característica. Cuando se asista a la consulta con el oftalmólogo, habrá que comentarle el historial de salud ocular de la familia.

Entre los seis y los setenta años, es conveniente consultar al oftalmólogo una o dos veces al año.

Cuando se trabaja muchas horas frente a la computadora, es adecuado tomar varios períodos de descanso de la vista.

Procesos que intervienen en la lectura

Cuando leemos un texto, realizamos una serie de procesos que van desde el reconocimiento de los signos alfabéticos, esenciales para la comprensión de la lectura, hasta la asimilación de los conceptos que se leen, que permiten desarrollar la habilidad de almacenar la información en nuestra memoria.

Uno de los problemas que poseen los estudiantes para interpretar los textos es no poder reconocer el significado de algunos términos.

Procesos que se realizan al leer un texto

1 Reconocimiento
Se trata de la discriminación de los signos alfabéticos. Si en lugar de usar el alfabeto heredado de los latinos usáramos signos como _ _, por más que recorriésemos la página con la vista, no habría reconocimiento.

2 Asimilación visual
Es el proceso físico a través del cual la luz llega a la página escrita, el ojo recorre los signos y el mensaje llega al cerebro.

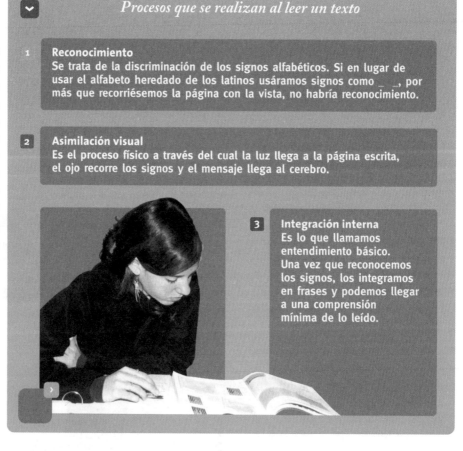

3 Integración interna
Es lo que llamamos entendimiento básico. Una vez que reconocemos los signos, los integramos en frases y podemos llegar a una comprensión mínima de lo leído.

Cumplidas estas etapas, es preciso realizar otros procesos para que la lectura sea realmente efectiva.

a | **Integración conceptual**
Incluye procesos tales como análisis, crítica, valoración del material leído, etc. Existen distintas estrategias para llevar a cabo estas etapas.

b | **Retención**
Representa la capacidad de almacenar información. Esto puede realizarse mediante resúmenes, fichas, etc.

Un buen lector se hace leyendo mucho y no sólo con ánimo de estudio.

c | **Recuerdo**
Es la habilidad de traer información a la memoria. La capacidad de poder recordar a nuestra primera maestra, una fórmula química o un lugar hermoso se reduce, en esencia, a un proceso eléctrico en el que interviene el cerebro. La capa celular externa del cerebro es la encargada de pensar, querer y recordar. Recibe el nombre común de mente. Allí almacenamos los recuerdos y en ella se realizan los procesos más elevados del pensamiento.

Defectos y problemas de la lectura

Muchas veces los estudiantes dicen que no entienden una lectura. Ello puede deberse a alguna de las siguientes razones.

1. No entender palabras clave

Esto entraña perder el sentido, no poder reconocer el significado de los términos. Por ello, usar diccionario debe ser un hábito, aunque no es la única herramienta disponible para entender una lectura.
Debemos tener en cuenta que una palabra aislada de su contexto puede significar cosas muy variadas. Por ejemplo, si buscamos en el diccionario la palabra "pene", nos dirá "miembro viril". Pero en la oración "Es una lástima que Lucía pene por ese hombre", ese significado no tiene sentido, pues se trata del verbo penar, que significa "afligirse".

2. No entender la secuencia de ideas

Esto ocurre cuando se pierde la coherencia textual, y el sentido completo de aquello que leemos. Así, por ejemplo, el comienzo de un poema de Pedro Salinas dice: "Miedo. De ti. Quererte es el más alto riesgo". El lector debe reconstruir una secuencia que sería así: "Tengo miedo de amarte, pues eso entraña un riesgo enorme".

3. No entender lo que quiere decir el autor

Una sola lectura no alcanza para comprender un texto de estudio.

Esto implica que no se logra participar de las ideas del autor. Por ejemplo, si lees una pintada callejera (graffiti) que dice: "No a la donación de órganos. (Yamaha)", no entenderás a menos que sepas que Yamaha es una empresa que fabrica órganos, por lo tanto es lógico que se oponga a que se donen estos instrumentos musicales.
En este ejemplo vemos claramente en qué consiste la **polisemia**.

Para entender el significado del chiste es indispensable entender que la palabra "órgano" tiene dos significados:

1. Parte de un cuerpo viviente, una pieza, una máquina.

2. Instrumento musical de viento.

Para entender el graffiti es necesario conocer ambas acepciones, y con esto quedará en evidencia el sarcasmo: donar órganos (corazón, hígado, retinas, etcétera) es una decisión humanitaria; donar instrumentos musicales es un perjuicio para quienes los fabrican.

Defectos comunes al leer

1. Leer palabra por palabra

Cuando leemos una oración, no lo hacemos pensando el significado de cada palabra, sino el significado total de la frase.
El defecto consiste en leer palabra por palabra, como lo hacen los niños cuando están aprendiendo a leer y escribir.
Por ejemplo, la lectura sería un proceso así:

Ésta es una oración para leer.

Esto implica un esfuerzo adicional en el movimiento de los ojos y una mayor inversión de energía para captar el sentido total de la oración, lo cual redunda en más tiempo empleado y, por lo tanto, en mayor fatiga y aburrimiento.

2. Regresión

Es retroceder sobre el material que ya se ha leído. Un diez por ciento de las personas hacen esto de manera inconsciente. Hay regresiones conscientes, hechas de manera intencional, que a veces son esenciales para la comprensión. En cambio, las regresiones inconscientes sólo nos hacen perder tiempo. En este libro se señalan técnicas para no hacer esto. Por lo general, quienes hacen regresiones inconscientes no pueden percibir unidades de sentido completo, y por eso deben volver atrás. También puede ocurrirles que no se concentren lo suficiente. Hacer regresiones inconscientes provoca una interrupción en el proceso del pensamiento.

3. Vocalización

Es lo que se hace al leer en voz alta, susurrando o acompañando la lectura con movimientos de los labios, aunque no se emitan sonidos. Esto disminuye la velocidad de lectura y de comprensión. Hablamos a una velocidad de unas 150 palabras por minuto. Y leemos a una velocidad de 280 a 500 palabras por minuto, sin haber ejercitado métodos de lectura rápida.

Vocalizar no sólo implica perder tiempo, sino que también afecta la comprensión, pues pronunciamos algunas palabras con más énfasis que otras, y esto impide captar unidades de sentido.

El uso de las manos para aliviar el cansancio visual

Los norteamericanos llaman a este método el *palming*. Su origen es discutido. No se sabe si proviene de las prácticas del yoga, de la dígitopuntura (método basado en imprimir suaves presiones de las manos en determinadas zonas del cuerpo para aliviar dolores y molestias), de la filosofía oriental, etcétera. Sí se sabe, en cambio, que es sumamente útil cuando tenemos la sensación de "vista cansada".

Consiste en frotar las palmas de las manos hasta sentir calor en ellas (es mejor si se frotan con los ojos cerrados, para ir atenuando los estímulos visuales).

Una vez que se tienen las palmas calientes, se colocan suavemente sobre los ojos cerrados, sintiendo el calor en los párpados.

Los orientales hablan del *ki* o *chi*, que es la energía que circula por el universo y, por lo tanto, en nuestro cuerpo. El acto de frotar las palmas concentra en ellas el *ki* o *chi*. El *palming* debe practicarse por lo menos cinco minutos para que su efecto sea positivo y duradero.

Un defecto al leer es retroceder sobre el material ya leído, esto provoca una gran pérdida de tiempo.

La lectura veloz es sumamente útil para superar, precisamente, problemas de lectura.

¿Qué es un club de lectura?

Es un grupo de personas que leen al mismo tiempo un libro. Cada uno lo hace en su casa pero una vez a la semana, se reúnen todos para comentar las páginas avanzadas desde el encuentro anterior.

En las reuniones se debate sobre lo que se ha leído en casa: el estilo literario, la acción misma, los personajes... y es bastante frecuente derivar desde el libro a las experiencias personales de los miembros del club.

En cada reunión se acuerda la cantidad a leer en los días posteriores, y es ese trozo solamente el que se comenta en la siguiente. Naturalmente cualquiera tiene el derecho a sobrepasar ese límite, pero no puede develar a sus compañeros lo que sucede después del punto marcado.

La gran aceptación que tienen los clubes se debe, seguramente, a que reúnen dos alicientes:

- *La lectura personal e íntima*
- *La posibilidad de compartir esa lectura con otras personas.*

Por lo general las opiniones de los miembros del grupo enriquecen mucho la impresión inicial que cada uno saca leyendo en solitario.

El apoyo del grupo es también muy positivo en el caso de algunos libros más exigentes de lo normal, hacia los que muchos lectores muestran pereza cuando están solos y que se leen con gran facilidad si otras personas lo hacen al mismo tiempo.

4. Subvocalización

Consiste en pronunciar mentalmente las palabras sin mover los labios. Todos subvocalizamos, y lo aprendimos cuando nos enseñaron a leer.
En ciertas etapas esto es necesario, pero algunos especialistas afirman que "con subvocalizar sólo logramos retardar el ritmo de la lectura [...]. La subvocalización puede ser suprimida sin que ello suponga el más mínimo problema para la comprensión".
(*Psicolingüística y lectura*, Hardyck, Petrinovich y Ellsworth.)
Las técnicas de lectura veloz que se desarrollarán en los capítulos siguientes son la mejor alternativa para suprimir la subvocalización. Si leemos más aprisa de lo que podemos subvocalizar, esto hará que perdamos este hábito innecesario.

5. Falta de concentración

A veces ocurre que terminamos de leer una página y nos preguntamos qué es lo que hemos leído.

Además de los factores que distraen, otra de las causas que nos hacen perder la concentración es leer muy lentamente.
Nuestro cerebro procesa muchísima información, y si leemos lentamente, se encargará de divagar, como si la mente se "aburriera". Mientras leemos, también pensamos en lo que haremos dentro de un rato, en la reunión del sábado o el recuerdo de un filme. Y otra vez, la solución está en la lectura veloz.

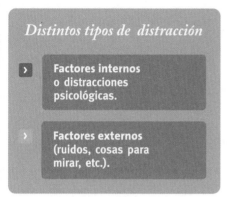

Distintos tipos de distracción

> **Factores internos o distracciones psicológicas.**

> **Factores externos (ruidos, cosas para mirar, etc.).**

6. Lectura muy lenta

Al leer muy lentamente, se recuerdan minucias, detalles, pero esto con frecuencia impide el recuerdo del conjunto de lo leído. Muchos detalles no tienen relación entre sí y se olvidan a menos que se emplee mucho tiempo y esfuerzo en recordarlos. Memorizamos infinitos conceptos pero, ¿cuántos detalles podemos recordar sin esfuerzo?

¿Historietas para leer mejor?

Muchos niños consideran que leer es una actividad aburrida, aunque "devoren" historietas. Una historieta no supone ninguna dificultad de lectura y a menudo se olvida que es a la vez narración y dibujos.

Una historieta tiene un carácter narrativo y su finalidad es el puro entretenimiento, pero puede emplearse haciendo notar que en este tipo de lectura los sucesos transcurren cronológicamente, y que a veces hay acciones paralelas en el tiempo y el espacio, que a

veces –pocas– hay remisiones al pasado. Es decir, puede emplearse como paso preliminar para el estudio de textos narrativos. Y también podemos inferir determinados valores como el heroísmo, la fe, la virtud, etcétera. Por supuesto que debe tratarse de historietas en las que no se haga un culto a la violencia, y debe considerarse siempre como un entretenimiento que dará paso a lecturas más profundas.

El consejo

Para ser un buen lector... hay que leer mucho. Es muy difícil que nada nos atraiga a la lectura. Quienes no se sienten motivados para leer quizá no se hayan preocupado por encontrar el tipo de texto que los atraiga. Puede comenzarse con un tema que sí interese, no importa cuál: bicicletas, conjuntos de rock, hasta cómo entablar una conversación con una linda jovencita en una plaza. Un buen librero es un excelente guía para hallar el libro o la revista con los cuales poder iniciarse en el fascinante mundo de la lectura.
Otra posibilidad es buscar en Internet sitios de revistas literarias que tienen índices agrupados por temas. En ellos se encontrarán páginas para los fanáticos de la computación, platos voladores, misterios, aventuras, etcétera

Si leemos lentamente esto provocará una gran pérdida de concentración.

Las cualidades de un buen lector

El escritor ruso Vladimir Nabokov (1899-1977) fue novelista y profesor. Este texto es un fragmento de su obra *Curso de literatura europea*:

"Una tarde, en una remota universidad de provincia donde daba yo un largo cursillo, propuse hacer una pequeña encuesta: facilitaría diez definiciones de lector; de las diez, los estudiantes debían elegir cuatro que, combinadas, equivaliesen a un buen lector.
He perdido esa lista; pero según recuerdo, la cosa era más o menos así:
Selecciona cuatro cualidades que a tu criterio debe poseer un buen lector.

1 *Debe pertenecer a un club de lectores.*

2 *Debe identificarse con el héroe o la heroína.*

3 *Debe concentrarse en el aspecto socioeconómico.*

4 *Debe preferir un relato con acción y diálogo, a uno sin ellos.*

5 *Debe haber visto la novela en película.*

6 *Debe ser un autor embrionario.*

7 *Debe tener imaginación.*

8 *Debe tener memoria.*

9 *Debe tener un diccionario.*

Los estudiantes se inclinaron en su mayoría por la identificación emocional, la acción y el aspectosocioeconómico o histórico. Naturalmente, como habréis adivinado, el buen lector es aquel que tiene imaginación, memoria, un diccionario y cierto sentido artístico..., sentido que yo trato de desarrollar en mí mismo y en los demás, siempre que se me ofrece la ocasión.

A propósito, utilizo la palabra lector en un sentido muy amplio. Aunque parezca extraño, los libros no se deben leer: se deben releer. Un buen lector, un lector de primera, un lector activo y creador, es un «relector». Y os diré por qué. Cuando leemos un libro por

primera vez, la operación de mover laboriosamente los ojos de izquierda a derecha, línea tras línea, página tras página, actividad que supone un complicado trabajo físico con el libro, el proceso mismo de averiguar en el espacio y en el tiempo de qué trata, todo esto se interpone entre nosotros y la apreciación artística. [...] Al leer un libro, en cambio, necesitamos tiempo para familiarizarnos con él. No poseemos ningún órgano físico (como los ojos respecto a la pintura) que abarque el conjunto entero y pueda apreciar luego los detalles. Pero en una segunda, o tercera, o cuarta lectura, nos comportamos con respecto al libro, en cierto modo, de la misma manera que ante

un cuadro. Sin embargo, no debemos confundir el ojo físico, esa prodigiosa obra maestra de la evolución, con la mente, consecución más prodigiosa aún. Un libro, sea el que sea, atrae en primer lugar a la mente. La mente, el cerebro, el coronamiento del espinazo es, o debe ser, el único instrumento que debemos utilizar al enfrentarnos con un libro."

› Este escritor nacido en Rusia, exiliado primero en Francia y luego en EE. UU., es un claro ejemplo de voluntad, pues escribió en ruso, francés e inglés aunque ya era un adulto cuando debió aprender estas lenguas.

Comprensión lectora

- › *Lectura inteligente.*
- › *Herramientas auxiliares.*
- › *Niveles de comprensión.*

Una buena interpretación del texto requiere aprender a totalizar su contenido, integrar y relacionar sus conceptos, empleando distintas estrategias que guían el proceso de la lectura.

Lectura inteligente
Interpretar el texto

Comprender lo que leemos requiere una actitud reflexiva, activa y crítica. Se trata de entender las ideas expresadas por el autor en el menor tiempo posible. La comprensión implica no sólo entender el significado de las palabras, sino poder ejercer un juicio crítico.

Qué significa la comprensión lectora

Si bien la comprensión varía según el tipo de lector, se ha demostrado que puede mejorar más del 50 % si se ejercitan determinadas estrategias.

Una de las causas más importantes del bajo rendimiento en los estudios es la insuficiente comprensión lectora. El problema puede dividirse en dos grandes puntos: se lee poco o se lee con poco aprovechamiento.

En los últimos sesenta años el tema de la comprensión lectora fue abordado una y otra vez por numerosos especialistas. Existen tres concepciones teóricas en torno al proceso de la lectura:

▸ Lectura como transferencia de información.

Esta teoría predominó aproximadamente hasta 1960. Supone que se trata de alcanzar distintos niveles:

a) Conocimiento del significado de las palabras de un texto.

b) Comprensión global del texto.

c) Evaluación.

Respecto de la comprensión global, existen diferentes niveles de comprensión, que abarcan lo dicho explícitamente

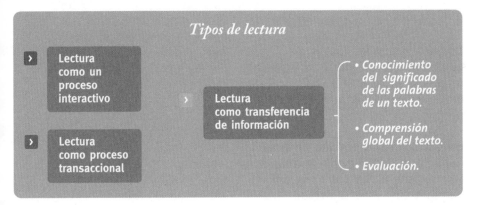

Tipos de lectura

- Lectura como un proceso interactivo
- Lectura como proceso transaccional
- Lectura como transferencia de información
  - Conocimiento del significado de las palabras de un texto.
  - Comprensión global del texto.
  - Evaluación.

en el texto, lo dicho implícitamente (llamado comúnmente "leer entre líneas"), y la lectura crítica que puede reconocer las ideas del autor y sus propósitos.
Esta teoría afirma que un lector comprende cuando reconoce el sentido de las oraciones.
Si hojeamos diversos libros escolares, veremos que la mayoría de los ejercicios están orientados a que el alumno extraiga el significado del texto.

◘ Lectura como un proceso interactivo

Supone, en grandes rasgos, que los lectores utilizan sus conocimientos previos para interactuar con el texto y reconstruir su significado. Estas estrategias serán abordadas más adelante.

◘ Lectura como proceso transaccional

Proviene del campo de la literatura, y también será tratada más adelante.
Otros estudiosos de la comprensión lectora señalan diversos tipos de comprensión.

Comprensión global

Consiste en obtener una imagen integral de un texto.
La comprensión de este tipo se logra cuando leemos una revista de actualidad o entretenimiento, un folleto, etcétera. No se trata del mismo proceso que realizamos cuando nos enfrentamos a textos de estudio, ya que en este caso no se trata de sacar conclusiones o memorizar las ideas priciaples. Es una lectura casi mecánica.

Comprensión analítica y en detalle

Permite ver los elementos integrantes de un texto, obtener las ideas principales, identificar su estructura, etcétera.

Esta lectura requiere concentración y permite realizar síntesis, responder preguntas, memorizar.

A veces, leer es también leer "entre líneas".

Unidades de pensamiento

Los textos son vehículos de pensamiento. Un autor se expresa mediante ideas que se agrupan en unidades mínimas llamadas párrafos.

La idea principal de un párrafo es la que abarca y da sentido a las demás ideas de ese párrafo.

Un párrafo es la porción de texto delimitada por el punto y aparte. Por lo general, en cada párrafo hay una sola idea principal, la cual forma parte del conjunto ordenado de las ideas que forman el texto.

Por ejemplo, desde el subtítulo "Unidades de pensamiento" hasta acá, hay dos párrafos (sin contar éste). El párrafo 1 trata de los vehículos de pensamiento llamados párrafo, y el párrafo 2 define qué es un párrafo. Éste, el 3, contiene ejemplos de los dos anteriores.

Ideas principales

Todo párrafo tiene una idea principal que expresa la afirmación más general, esto es, la que abarca y da sentido a las demás ideas del párrafo. Una manera de reconocer las ideas principales es buscar aquello que es imprescindible en cada párrafo.

Si esa parte se suprime, el párrafo queda con sentido incompleto, parcial o anecdótico. Por ejemplo, veamos el siguiente texto.

El jengibre, usado hace siglos como condimento en la cocina oriental, también tiene propiedades medicinales ya que es un excelente digestivo. Fue introducido en Europa como tónico aromático y protector del hígado. Previene la aparición de úlceras gástricas y, por sus propiedades antieméticas (contra los vómitos), es más eficaz que la mayoría de los medicamentos clásicos, por lo que se lo recomienda para prevenir o tratar los mareos producidos durante los viajes.

La idea principal es que el jengibre tiene propiedades medicinales, es digestivo y antiemético.

A medida que vamos leyendo debemos subrayar con lápiz las ideas principales, por lo que el párrafo anterior quedaría así:

El **jengibre**, usado hace siglos como condimento en la cocina oriental, también tiene **propiedades medicinales** ya que **es un excelente digestivo**. Fue introducido en Europa como tónico aromático y protector del hígado. Previene la aparición de úlceras gástricas y, por sus **propiedades antieméticas** (contra los vómitos), es más eficaz que la mayoría de los medicamentos clásicos, por lo que se lo recomienda para prevenir o tratar los mareos.

Auxiliares de la lectura

Se ha comprobado que a un lector le resulta complicado entender un texto que aborda un tema desconocido para él. Para comprender mejor la información nueva, se debe intentar relacionarla de algún modo con el conocimiento previo.

Lectura de índices

Todos los libros tienen un índice y se supone que los autores organizan su material yendo de lo más simple a lo más complejo. Supongamos por ejemplo que debes leer un capítulo llamado **Idiomatología**. Si lees el índice del libro encontrarás estos otros títulos de capítulos anteriores: El arte de escribir; La retórica; Noción de estilo; Fonética, morfología y sintaxis de la expresión; El estilo y la escritura. Aunque no sepas qué es la idiomatología, ya puedes deducir que se debe tratar de algún aspecto del estudio del estilo literario.

Manuales y enciclopedias

Continuando con el ejemplo anterior, antes de leer el capítulo de Idiomatología consulta alguna enciclopedia o manual de estilo literario, algo que te vaya guiando acerca de cómo se estudia el estilo.

Auxiliares de lectura

Los manuales y enciclopedias son excelentes auxiliares de lectura.

Internet

Si no hallas nada sobre el estilo en una enciclopedia o manual, siempre puedes recurrir a la búsqueda en Internet. En tal caso, buscar "idiomatología" probablemente te remitirá a algún artículo muy específico, por lo tanto es mejor buscar como pregunta: "¿cómo se estudia el estilo literario?" o "¿qué es el estilo literario?" o "¿qué es la estilística?"

Conocimiento previo

La comprensión de un texto pone a prueba los conocimientos de una persona.

Los conocimientos acumulados a través de la experiencia y la educación se pondrán en juego... y en riesgo, al incorporar otras ideas. Si el autor establece un argumento convincente, estarás en la posibilidad de renunciar a las antiguas ideas e incorporar las sugeridas. No obstante, si las ideas propuestas se oponen a las bases fundamentales de tu sistema de creencias, es posible que rechaces las ideas aparentando incomprensión. En ocasiones, decimos que no entendemos algo, cuando en realidad no lo queremos entender.

¿Cuántas veces nos hemos negado a escuchar –o a leer– ideas que nos desagradan? Es decir cuántas veces hemos actuado con una actitud de "no oigo, soy de palo".

Lo que sabe una persona es la base más sólida de sus certezas, aunque no tenga palabras para explicarlas y mostrar su consistencia. El conocimiento del lector sufre una crisis si su solidez resulta amenazada al confrontarse con otras tesis. Si no entiendes debes hacerte algunas preguntas: ¿te resulta placentera la lectura? ¿Te agrada, emociona, asusta?

La lectura puede hacer que surjan problemas, necesidades y conflictos no advertidos antes.

Los textos repercuten en los lectores de maneras múltiples. En ocasiones, recordamos ciertas obras con nostalgia. Otras veces, tenemos sentimientos encontrados ante ellas porque sentimos que hemos cambiado respecto al momento en que las leímos. Otras obras logran crear en nosotros expectativas y anhelos para lograr cambios futuros. ¿Será que no entendemos el texto porque estamos leyendo con emociones agitadas, producidas o no por el autor? Clarificar qué sentimos ante la propuesta del texto será una manera eficaz de ayudar a la comprensión.

Si lees con desagrado te estás predisponiendo a no antender.

Un tipo de lectura para cada propósito

No es lo mismo leer una historieta que un texto de estudio, no sólo por las diferencias obvias de contenido, sino por la atención, la concentración y la velocidad que requiere cada uno.

Se puede afirmar que hay distintos tipos de lectura:

1. Lectura de exploración

Se realiza a fines de conocer el contenido general de un texto y tener una visión global de su estructura y argumentación. Es casi lo mismo que hojear: consiste en revisar someramente el texto, leer los títulos y subtítulos, el índice (si lo tiene), y sólo entonces seleccionar los capítulos o apartados que puedan servir para un objetivo específico de lectura.

2. Lectura superficial

Consiste en recorrer una página sin leerla realmente, sino buscando un dato o algo que nos interese. Es lo que se hace al buscar una palabra en el diccionario o un número de teléfono en el directorio. En ninguno de estos casos se lee toda la página. Esto también se hace al repasar apuntes o libros, pues se tiene una noción aproximada de dónde se encuentra la información que se busca.

3. Lectura por saltos

En este caso se saltean grandes partes, que pueden ser páginas enteras. Esto se hace para formarse una idea general acerca del texto. Se puede complementar con la lectura de índices, de títulos y subtítulos y del resumen de los capítulos (si los tiene). Este tipo de lectura permite identificar si el texto es el adecuado para lo que estamos buscando. Supongamos que debemos hacer un trabajo sobre los habitantes del desierto.

Si vamos a una biblioteca y nos entregan cuatro libros para consultar, será imposible leerlos completos. Por lo tanto, será necesario mirar los índices y hacer una lectura a saltos para cerciorarnos qué obra se adecua mejor a las propuestas de nuestro trabajo.

4. Lectura de repaso

Es la lectura que se realiza cuando un texto ya se ha leído críticamente. Suele emplearse antes de los exámenes, y consiste en pasar los ojos sobre los títulos, subtítulos y marcas personales que hemos hecho en el texto, tales como subrayado, rayas o marcas en los márgenes. Este ejercicio se propone fortalecer el conocimiento y afianzar la memoria.

Si un texto de estudio es muy difícil, busca algo más general en una enciclopedia o en Internet, para ir habituándote con el tema.

Lectura de exploración

Al hacer una lectura crítica, anota las preguntas que le haces al texto.

Tipos de lectura

1	Lectura de exploración
2	Lectura superficial
3	Lectura por saltos
4	Lectura de repaso
5	Lectura crítica
6	Lectura entre líneas
7	Lectura dimensional

▪ ¿Cómo presenta el autor la información?

▪ ¿Qué lenguaje utiliza?

▪ ¿Cuál es el propósito y el objetivo del autor?

▪ ¿Cuál es la hipótesis o tesis que propone?

▪ ¿Es coherente y sólida la argumentación del autor?

▪ ¿Cuáles son sus fuentes, su argumentación, su tendencia?

▪ ¿Son válidas sus fuentes? ¿Realmente ocurrió lo que menciona?

▪ ¿Tienen lógica sus deducciones?, etcétera.

5. Lectura crítica

Este tipo de lectura implica valorar la información en el mismo momento de leerla, por ello puede parecer que tardamos más tiempo en pasar de una página a otra. Simultáneamente al reconocimiento de las partes más importantes del texto, debemos realizar algunas preguntas sobre la información que nos brinda:

Lo importante es tomar notas de las reflexiones, para no confiar solamente en la memoria. El primer punto que debe analizarse es la forma en que el autor presenta su información y de dónde la obtiene.

6. Lectura entre líneas

Se dice que un autor expresa mucho más de lo que leemos en el texto, y cada lector puede captar mensajes diferentes. Captar lo implícito en un texto se deriva de la experiencia y permite una discusión sobre otro orden de ideas.

Lo que se percibe "entre líneas" es el resultado de la disposición y la postura del lector, ya que éste

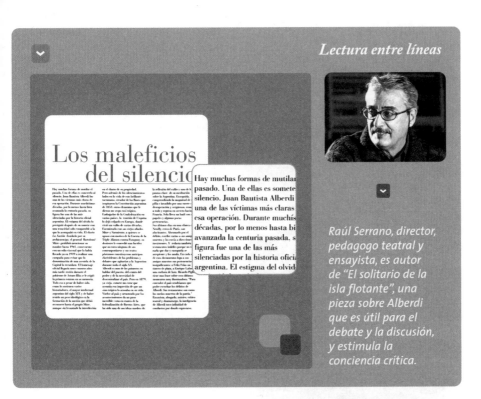

Lectura entre líneas

Los maleficios del silencio

Hay muchas formas de mutilar el pasado. Una de ellas es someter silencio. Juan Bautista Alberdi una de las víctimas más claras esa operación. Durante muchís décadas, por lo menos hasta bi avanzada la centuria pasada, s figura fue una de las más silenciadas por la historia ofici argentina. El estigma del olvid

Raúl Serrano, director, pedagogo teatral y ensayista, es autor de "El solitario de la isla flotante", una pieza sobre Alberdi que es útil para el debate y la discusión, y estimula la conciencia crítica.

siempre tiende a encontrar lo que busca. Cuando un lector pretende leer entre líneas significados que realmente no existen, no advierte las posibles exageraciones a las que puede llegar. La lectura entre líneas no es natural, inmediata ni fácil, sino que resulta complicada, ya que obliga a debatir con el autor. Esta lectura es el resultado de una labor reflexiva y analítica. En una discusión, los interlocutores deben comunicarse en un lenguaje que sea coherente para ambos. En los debates entre textos, es tarea del lector conseguir este entendimiento.

El debate requiere que el lector se realice las preguntas que llevaron al investigador a reflexionar acerca del tema en cuestión.

La lectura entre líneas es el resultado de una labor reflexiva y analítica.

Reconocer la estructura de un texto ayuda a su comprensión.

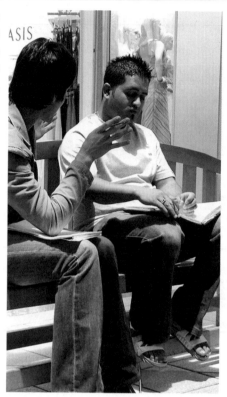

Lo que se propone es que las preguntas del lector sean similares a las formuladas por el autor.

- ❙ ¿Cuáles fueron las hipótesis que le apoyaron en los debates?

- ❙ ¿Qué tipos de afirmaciones pretende derrumbar?

- ❙ ¿Cuál es su interés por conocer?

- ❙ ¿Cuál es la lógica que utiliza en su argumentación?

La lectura entre líneas también permite acceder al conjunto de valores propios de la época en la que se escribió el texto, comprender sus metáforas y sus símbolos.

7. Lectura dimensional

Es aquella que se realiza con el propósito de comprender y retener lo que un texto dice. Es una lectura dinámica, que presta atención a las ideas principales. Es conveniente hacerla con lápiz en mano, para subrayar dichas ideas principales.

La estructura de un texto

Cuando se habla de la estructura de un texto, hay dos aspectos a considerar: por un lado está la estructura externa y, por otro, la estructura interna, que es la que pretende comprender cómo organizó el autor su material.

Estructura externa

Es la que captamos echando un vistazo al texto. Es común encontrar en las primeras páginas de un libro, en los prefacios, o en los prólogos que nos indican algunos propósitos de la obra o presentan al autor o al material del libro.

Estructuras del texto

> Prefacio

> Glosario

> Texto narrativo

> Texto explicativo

También hallaremos una tabla de contenidos o índices. En las últimas páginas podemos encontrar apéndices, glosarios de términos y bibliografía.

Al final de cada capítulo algunos autores incluyen resúmenes de contenidos con las ideas más importantes, aunque esto varía de texto en texto.

Estructura interna

Los autores organizan sus ideas con la finalidad de que la lectura sea comprensible para los lectores. Esa organización es la llamada estructura interna. En los textos escolares podemos hacer una gran división según el contenido: **textos narrativos** y **textos expositivos**. Los textos narrativos constituyen el primer contacto que los niños tienen con la lectura. Se trata de cuentos, fábulas, leyendas, etc.

Los textos expositivos requieren un nivel de pensamiento más abstracto, y en la escuela primaria son los maestros quienes guían a los alumnos para facilitarles la necesaria comprensión de la estructura interna.

Para facilitar la lectura de un texto es recomendable examinar su índice.

Comprensión de la estructura de los textos

Se trata de comprender la estructura lógica con la que un autor une sus ideas en un todo coherente. Esta estructura varía de un texto a otro. Por ejemplo, no es la misma en un texto de historia que en uno de ciencias naturales. Se ha comprobado que los lectores que pueden reconocer la estructura lógica comprenden mejor lo leído y lo recuerdan con más facilidad. En los textos expositivos hay procedimientos o patrones para desarrollar las ideas. Ellos son:

En la estructura de un texto, prestar atención a los desarrollos ayuda a comprender su sentido.

Patrones para desarrollar las ideas

1 Descripción

La descripción en un texto expositivo informa sobre un tema, objeto, persona o concepto. Las ideas se conectan describiendo los atributos más importantes de un tema determinado. Las palabras que permiten descubrir este patrón descriptivo son, entre otras, consta de, comenzando con, se conoce como, de hecho, de... (indica materia, calidad, origen, como por ejemplo "el elefante tiene dos colmillos de marfil", "los habitantes de Groenlandia"), etcétera.

2 Secuencia

Los datos, hechos o conceptos se suceden de acuerdo con un orden. El autor señala los pasos o etapas de un proceso determinado. Puede o no mencionar el tiempo; sin embargo, la secuencia es evidente. Cuando alude al tiempo, las palabras empleadas son: ahora, antes, después, cuando, posteriormente, primero, luego, entonces, finalmente, poco después, etcétera.

3 Comparación

El autor enfatiza las semejanzas y diferencias entre hechos, personas, conceptos, etcétera. Las palabras más empleadas para tal fin son: como, por el contrario, de cualquier modo, del mismo modo, así, igualmente, de manera similar, igual que, de manera semejante, y otras.

4 Causa y efecto

Se muestra la relación causal de los hechos, cómo unos derivan de otros. Las palabras que nos indican este patrón son: porque, por lo tanto, como resultado, de manera que, desde que, puesto que, etcétera.

5 Solución de problemas

El autor presenta un problema y expone el proceso para solucionarlo. A veces el problema se presenta con oraciones interrogativas. En otras ocasiones, las hipótesis están encabezadas por el subordinante si, como suele ocurrir con los problemas matemáticos de regla de tres.

Niveles de comprensión

Para que los alumnos puedan comprender mejor un texto, los docentes preparan distintas tareas relacionadas con tres niveles de comprensión:

1. Nivel morfológico-sintáctico

Se refiere al vocabulario de un texto. El objetivo es que los estudiantes comprendan el léxico, amplíen su vocabulario y puedan emplearlo en la producción propia de textos.

Para ello, los maestros pueden dar ejercicios como identificar palabras a partir de prefijos y sufijos, descomponer palabras compuestas, interpretar conectores lógicos, temporales, de causa y efecto, etcétera.

2. Nivel léxico-semántico

En este caso, la ejercitación puede ser formar familias de palabras, hacer ejercicios con sinónimos y antónimos, reconocer palabras por el contexto, diferenciar palabras homófonas (que se pronuncian igual, como "a ver" y "haber").

3. Nivel pragmático-conceptual

Es, en realidad, lectura comprensiva del texto, lo que comprende no sólo distinguir las ideas principales, sino también interpretar metáforas, símbolos, identificar puntos de vista, comprender secuencias, distinguir estructuras, evaluar críticamente.

Relación entre el lector y las estructuras de los textos

Las fuentes de dificultades durante el proceso de comprensión pueden provenir de dos lugares: de las experiencias y conocimientos del lector y de las características de los textos.

El análisis de textos permite evaluar qué características de los textos ayudan al lector a desentrañar los significados del autor y a recordarlos después de la lectura.

Por ejemplo, las investigaciones en el análisis de los textos han mostrado que ciertos aspectos de las estructuras textuales influyen tanto en la cantidad como en el tipo de información que el lector recuerda, y permiten predecir dónde ocurrirán las posibles distorsiones, omisiones, adiciones, sustituciones y reestructuraciones sobre la lectura.

La estructura de los textos es un factor fundamental en la facilitación de la comprensión, ya

Las expectativas y conocimientos que el lector tiene sobre la estructura de una historia es fundamental para su comprensión.

También los lectores de diarios parecen utilizar esquemas que guían sus expectativas sobre cómo estará organizada la información en una noticia. Los lectores esperan, por ejemplo, encontrar un resumen de lo acontecido en la parte superior del texto, es decir en los títulos, las volantas, las bajadas y en la entrada, que comprende el primero y aún el último párrafo de un texto.

Además en esos lugares se responde a las preguntas qué pasó, quién lo hizo o a quién afecta, cuándo, cómo, dónde, por qué sucedió, y a veces para qué.

que los lectores tienen ciertas expectativas sobre la organización de la información para distintos tipos de textos, y esas expectativas influyen en el procesamiento de la información.

La estructura de las historias y las expectativas y conocimientos que el lector tiene sobre esas estructuras son cruciales para la comprensión y recuerdo de las historias.

Los lectores de historias poseen esquemas narrativos que pueden o no coincidir con la estructura que adopta la información en el relato que están leyendo. Las historias desordenadas, que violan esas expectativas, por estar desorganizadas, u omiten información sobre el tiempo o el lugar, entre otras categorías estructurales, afectan tanto el proceso de lectura (se tarda más tiempo en leer) como al proceso de recuperación de la información.

El consejo

Los libros no son sólo para leer, sino para escribir en ellos. Debes acostumbrarte a subrayarlos, a poner en el margen signos como "¿" para indicar aquello que no comprendes bien o las palabras que buscarás en el diccionario, para hacer marcas que señalan nuestra comprensión. Una vez buscadas las palabras desconocidas, escribirás en el margen un sinónimo o qué significan. También en los márgenes puedes anotar palabras que sirvan como subtítulos, por ejemplo, si hallas un concepto referido a la contaminación ambiental, en el margen anotas "contaminación", para poder buscarlo rápidamente a la hora de repasar. El subrayado lo harás siempre con lápiz, debido a que, como vimos, puede haber distintos propósitos de lectura. Así, si debes volver a leerlo con otro propósito, borrarás esas marcas para hacer otras nuevas.

Significado de la lectura

- › *El proceso interactivo.*
- › *El proceso transaccional.*
- › *Cuestionamientos al texto.*

La dinámica de la lectura lleva implícita la articulación de los conocimientos previos con los nuevos argumentos y afirmaciones. El lector debe interactuar con los textos para construir nuevos significados, debatir con el autor o fortalecer las propias posturas.

El proceso interactivo de leer
El papel del lector

Leer es un proceso activo en el cual los lectores integran sus conocimientos previos con la información que leen, a fines de construir nuevos conocimientos.

Los conocimientos previos

En nuestro cerebro almacenamos conocimientos, datos, hechos aislados, secuencias de hechos, etcétera. Un lector logra comprender un texto cuando es capaz de encontrar en su memoria la configuración que le permita explicar el texto en forma adecuada.

Solamente asociando lo que leemos a nuestros conocimientos previos podemos comprender un texto.

Cuando una persona lee algo sobre un acuario, o ve por televisión un programa sobre el tema, o visita un acuario, cada una de estas experiencias aporta un conocimiento acerca de lo que es un acuario. Quien no ha tenido ninguna experiencia –porque nunca fue a un acuario, ni lo vio en televisión, ni leyó sobre ellos– no tiene en su memoria ningún esquema para activar un conocimiento previo, y le será muy difícil comprender lo que lee. Estos esquemas están en permanente desarrollo y transformación. Para comprender mejor esto, lee el siguiente texto:

Los copolímeros de estireno butadieno con mayor contenido de butadieno, hasta un 60 %, cuando reciben el agregado de ésteres acrílicos, que elevan su polaridad, mejoran su adhesividad.

¿Comprendiste algo? Si no sabes química, no entenderás el texto, y sólo podrás deducir que se trata de alguna sustancia, pero no sabes de qué habla el texto.

Ahora lee este otro texto:

Un polímero es una sustancia que tiene grandes moléculas formadas por muchas unidades pequeñas que se repiten. La mayoría de las sustancias vivas, como la madera o las proteínas, son polímeros.
Un copolímero es una variedad de polímeros en la que se repiten unidades distintas y que contienen sustancias llamadas estireno y butadieno.
Cuando se les incorpora ácido acrílico o ésteres acrílicos, aumentan su adhesividad, de ahí que se los emplee en ruedas o suelas de zapatos, a raíz de que potencian sus polos positivo y negativo.

Ahora tienes mayor comprensión, pues conoces los ejemplos dados.

Antecedentes y deducciones

Deducir es poder hacer conjeturas basadas en cierta información. A veces, en los textos, los autores no proporcionan toda la información que se proponen, pues suponen la deducción del lector. Por ejemplo, si un autor describe a una persona que camina en un paisaje nevado,

con árboles sin hojas y tiritando de frío, no hará falta que diga específicamente que esa acción ocurre en invierno.

Para poder deducir, se debe tener un cúmulo de experiencias previas, ya sea por hechos vividos, leídos, escuchados o vistos en cine o televisión.

Dos personas que lean un cuento o un poema probablemente nunca lo comprenderán de la misma manera. Aunque compartan una cultura común y vivan en un ambiente similar, crearán en sus mentes universos distintos a partir de un mismo texto.

Así, el significado de un texto siempre será relativo, pues dependerá de las transacciones que se produzcan entre texto y lector.

Para que esto se comprenda, toma un texto que hayas leído hace un año o más y vuelve a leerlo. ¿Entiendes exactamente las mismas cosas que entonces? O mira por segunda vez un filme. Seguramente verás cosas distintas a las que viste la primera vez.
De todos modos, esto no impide que en todo texto haya ideas principales que no se cuestionan, salvo que se trate de un texto literario muy particular.

De la misma manera, no te empecines en discutir con un amigo que ve otro matiz en un texto, otro que tú no ves. Ese amigo ha hecho otro tipo de transacción, y será válida siempre que se ajuste al contenido.

Leer es mucho más que descifrar el sentido de una página impresa. Un texto no tiene significado hasta que un lector lo descubre.

La lectura como proceso transaccional

Esta teoría proviene del campo de la literatura y supone que al leer un texto, desde un poema a un artículo científico, establecemos una relación con él.

El proceso de la lectura

De acuerdo con las diversas características de los lectores, un mismo texto puede ser percibido e interpretado de distintos modos.

El proceso de la lectura es inconsciente, interno, y no tenemos prueba del mismo hasta que nuestras predicciones se cumplen, es decir, hasta que comprobamos que en el texto está lo que esperamos leer. Este proceso debe asegurar que el lector comprende lo que lee y que puede ir construyendo ideas sobre el contenido a medida que extrae del texto aquello que le interesa.

Esto sólo puede hacerlo mediante una lectura individual, precisa, que le permita avanzar y retroceder, que le posibilite detenerse, pensar, recapitular,

relacionar la información nueva con el conocimiento previo que posee. Además deberá tener la oportunidad de plantearse preguntas, decidir qué es lo importante y qué es secundario. Es un proceso interno que es imperioso aprender.

Este proceso se divide en tres etapas, a saber: antes de la lectura, durante la lectura y después de la lectura.

Antes de la lectura

Debes formularte las siguientes preguntas:

- ¿Para qué voy a leer? (Determina los objetivos de la lectura.)

    a. Para aprender.

    b. Para una clase especial.

    c. Para obtener información precisa.

    d. Para seguir instrucciones.

    d. Para revisar un escrito.

    f. Por placer.

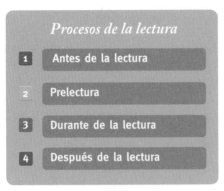

Procesos de la lectura

1. Antes de la lectura
2. Prelectura
3. Durante de la lectura
4. Después de la lectura

▶ ¿Qué sé de este texto?

▶ ¿De qué trata este texto?

▶ ¿Qué me dice su estructura?
(Formula hipótesis y haz predicciones sobre el texto.)

Prelectura

La prelectura es un vistazo rápido del material a leer, y se usa para que te formes una idea general. Este ejercicio luego te facilitará pasar a las distintas partes del libro.
Los consejos a seguir para la prelectura son:

▶ Planificar el tiempo
Por ejemplo, si debes leer algo para el día viernes, agenda los mejores momentos para dedicarlos a esa lectura.

▶ Observar el libro
¿Hay mucho para leer? Si es así, agrega más tiempo en la agenda. Luego mira el índice para saber si es ése el libro más adecuado al propósito que tienes.

▶ Leer salteado
Leer los dos primeros párrafos para ver si enfoca el tema tal como lo deseas. Luego lee dos párrafos de la mitad del texto, lo que te indicará el grado de dificultad del mismo y te revelará, probablemente, alguna idea principal. Después leerás los dos últimos párrafos, que por lo general encierran las conclusiones del texto.
La prelectura no es una pérdida de tiempo pues te permite evitar "apurones" y, eventualmente, descartar un libro cuando no se adecua a tus propósitos, sobre todo cuando buscas un texto en una biblioteca.
También sirve cuando debes comprar un libro, ya sea para ti o para regalar.

Para comprender, debes pensar y formular preguntas a medida que lees.

La prelectura es útil para determinar si el libro elegido sirve para nuestros fines.

Al hacer predicciones sobre lo que vas a leer, activas tus conocimientos previos y te preparas a buscar confirmaciones, prestando más atención a los contenidos.

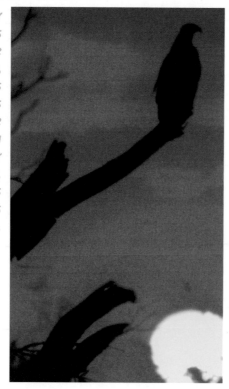

Durante la lectura

Debes seguir estos pasos:

- Formula hipótesis y haz predicciones sobre el texto.

- Formula preguntas sobre lo leído.

- Aclara posibles dudas acerca del texto.

- Relee partes confusas.

- Consulta el diccionario.

- Piensa en voz alta para asegurarte la comprensión.

- Crea imágenes mentales para visualizar descripciones vagas.

Después de la lectura

Para asegurarte la comprensión y facilitar la memorización, los pasos a seguir son:

- Formula y responde preguntas.

- Haz resúmenes o utiliza organizadores gráficos (cuadros sinópticos, cuadros de doble entrada, mapas semánticos, etcétera).

Las inferencias

Los investigadores que estudian el proceso de comprensión lectora señalan que hacer inferencias es una actividad esencial para la comprensión.

Una inferencia es la habilidad de comprender algún aspecto determinado del texto a partir del significado del resto. Consiste en superar lagunas que por causas diversas aparecen en el proceso de comprensión de un texto.

Esto ocurre por distintas razones:

- porque el lector desconoce el significado de una palabra,

- porque el autor no lo presenta explícitamente,

- porque el escrito tiene errores tipográficos,

- porque se ha extraviado una parte, etcétera.

Los lectores competentes aprovechan las pistas contextuales, la comprensión lograda y su conocimiento general para atribuir a la parte que desconoce un significado coherente con el texto. Si desconoce el significado de una palabra, leerá cuidadosamente y tratará de inferir el significado de la misma en el contexto.

Por ejemplo: la palabra "chopo" quizá no la entiendas, pero si lees "El ave se posó en la rama más alta de un chopo", deducirás por el contexto que es una clase de árbol.

Comprensión mediante hipótesis

La lectura es un proceso en el que constantemente se formulan hipótesis y luego se confirma si la predicción que se ha hecho es correcta o no. Formular hipótesis es una estrategia muy importante pero hay que aprender a hacerlo, pues mediante su comprobación es que logramos la comprensión.

Adolescentes y lectura

Según un estudio realizado en España, cuatro de cada diez adolescentes lee un libro cada tres meses y el 26 % afirma que casi nunca lee una obra. Entre las diez actividades que los adolescentes realizan en su tiempo libre, la lectura ocupa la penúltima posición. La última es "no hacer nada".

Los estudiantes de los ciclos avanzados de escuela secundaria y los de la universidad dicen que las lecturas obligatorias les impiden leer un libro en su tiempo libre.

Otro dato es que cuando leen un libro –generalmente en las vacaciones– las mujeres se inclinan por el terror y el romance, y los varones por el terror, el misterio, el espionaje y el humor.

Cuando se investigó quiénes leen ciertos géneros, el resultado obtenido fue: la poesía sólo la leen las mujeres, en tanto los libros científicos, de tecnología y de deportes son leídos mayoritariamente por varones.
Cuando se los interrogó por qué razones eligen un libro, el 70 % dijo que lo hacían por el tema. No les interesa el autor, la portada ni la moda.
Como último dato –por cierto desalentador– los adolescentes no hacen caso de las recomendaciones de sus maestros ni de adultos capacitados.

El hecho de suponer de qué trata el texto consiste en traer a la mente los conocimientos previos y la experiencia del lector. Un investigador ha dicho al respecto: "La predicción consiste en formular preguntas; la comprensión, en responder esas preguntas".

Cuando te pones a leer un texto, sin haberte propuesto hacerlo anticipas aspectos de su contenido. Formulas hipótesis y haces predicciones sobre el texto:

▸ ¿Cómo será?

▸ ¿Cómo continuará?

▸ ¿Cuál será el final?

Formular preguntas a un texto nos lleva a niveles más altos de pensamiento Las respuestas a estas preguntas las encuentras a medida que vas leyendo. Lo que has anticipado, o dicho que va a suceder, debe ser confirmado en el texto, y para esto es necesario buscar la evidencia en el texto. No puedes inventar. Para confirmar tus hipótesis buscarás pistas de todo tipo: gramaticales, lógicas y culturales.

Si la información presentada en el texto es coherente con las hipótesis anticipadas, las integrarás a tus conocimientos para continuar construyendo el significado global. Es importante no pasar por alto que hacer predicciones motiva a leer y releer, y a un diálogo interno entre el lector y el escritor.

Cuestionar al texto

Un lector autónomo es aquel que asume responsabilidad por su proceso de lectura y no se limita a contestar las preguntas que hace su profesor, sino que él mismo pregunta y se pregunta. Esta dinámica ayuda a alcanzar una mayor y más profunda comprensión del texto.

Por eso es necesario formular preguntas que trasciendan lo literal y que lleven a niveles superiores de pensamiento. Estas preguntas son las que requieren que los estudiantes se propongan leer aspirando a mucho más que a recordar lo leído.

Las investigaciones realizadas demuestran que las preguntas promueven el aprendizaje, ya que requieren que el lector aplique, analice, sintetice y evalúe la información en vez de recordar hechos. Algunos ejemplos de este tipo de pregunta son:

◙ ¿Cuán diferentes o parecidos son los dos personajes más importantes de la obra?;

◙ ¿Cuál es el punto de vista del autor acerca del tema desarrollado?

◙ ¿Sería beneficioso establecer lo que el autor propone? ¿Por qué?

Las preguntas que pueden sugerirse sobre un texto se relacionan con las hipótesis que pueden generarse sobre éste y viceversa. Puede ser útil hacer las preguntas a partir de las predicciones (e incluso al margen de ellas).

Es sumamente importante que relaciones las preguntas con el objetivo o propósito de tu lectura. Si el objetivo es una comprensión global del texto, las preguntas no deben estar dirigidas a detalles. Obviamente, una vez logrado el objetivo principal, puedes plantear otras preguntas.

La propia estructura de los textos y su organización ofrecen pistas para formular preguntas sobre la argumentación del autor.

Cómo hacer un resumen de lo leído

Para reafirmar la comprensión lectora, nada mejor que hacer un resumen. Resumir es transformar un texto –que llamaremos "base"– en otro texto que reproduzca las ideas principales

Pautas para un resumen

Una vez realizados los procedimientos sobre el texto base, debe realizarse la redacción del resumen. Para redactarlo de manera coherente y correcta, conviene hacer lo siguiente:

> Integrar las oraciones a partir de las relaciones que se establecen entre ellas, ya sean de causa, consecuencia u oposición. Por ejemplo, hayque tratar de determinar:
>
> *¿Cuál es el tema principal del texto?*
>
> *¿Dónde y cómo se desarrolla ese tema?*
>
> *¿Cuáles son los temas secundarios del texto?*
>
> *¿Las ideas principales y secundarias están relacionadas entre sí?*
>
> *¿Cuál es la conclusión?*

> Generalizar los conceptos y luego globalizar las acciones importantes que puedas resumir.

> Comenzar la redacción del resumen considerando que las oraciones guarden entre sí las debidas relaciones lógicas.

> Finalmente, leer el resumen fijándose si es coherente y cohesivo, si está bien redactado, y si contiene la información necesaria y suficiente para representar debidamente y de manera abreviada el texto base.

Resumir un texto ayuda a afianzar sus conceptos.

del primero en forma global y breve, dejando de lado las ideas accesorias.

Para eliminar oraciones o párrafos del texto base, debes analizar qué es lo que puede ser suprimido. Y para eso hay que reconocer cuáles son las ideas principales y cuáles son las ideas secundarias, subordinadas a aquéllas.

También hay que reconocer el tema y los subtemas que se desarrollan.

Hacer un resumen de lo leído es una excelente técnica para verificar la comprensión del texto y fijarlo en la memoria.

Un buen resumen identifica la estructura u organización del texto base: qué partes lo componen (introducción, desarrollo y desenlace o cierre, si se trata de un texto expositivo o de una narración; hipótesis, argumentación y conclusiones, si se trata de un texto argumentativo, etcétera).

Para todos ellos conviene realizar breves notas al margen de los párrafos, que señalen cuáles son los temas que allí se desarrollan.

Subrayar las ideas principales es un paso esencial anterior al resumen.

Un esquema gráfico de contenido (cuadros sinópticos, redes conceptuales u otros) te permitirá organizar de manera gráfica las ideas principales y secundarias, y visualizar las relaciones que se establecen entre ellas.

El consejo

Cuando estudias, es fundamental que hagas un resumen de lo leído. Resumir es volver a exponer con tus palabras la información principal contenida en un texto.

Un buen resumen debe tener coherencia, que es la propiedad por la cual todos los elementos del texto responden a un mismo fin comunicativo. Por eso es indispensable determinar qué tipo de texto estamos leyendo.

Los estudiantes, por lo general, leen dos tipos de textos:

> Un texto expositivo expone datos, explica. Tiene un lenguaje preciso y su estructura suele ir de lo general, de lo conocido, a lo particular, lo desconocido, añadiendo datos nuevos.

> Un texto argumentativo expresa ideas del autor, establece su posición frente a un determinado tema. Su propósito es convencer de algo al lector.

Por lo tanto, cuando detectes que un texto es expositivo, tendrás especial cuidado en observar si hay definiciones o datos que en tu resumen debas consignar tal como fueron expresados.

En un texto argumentativo debes tener en cuenta si las afirmaciones del autor se apoyan en hechos y ejemplos además de presentar sus opiniones.

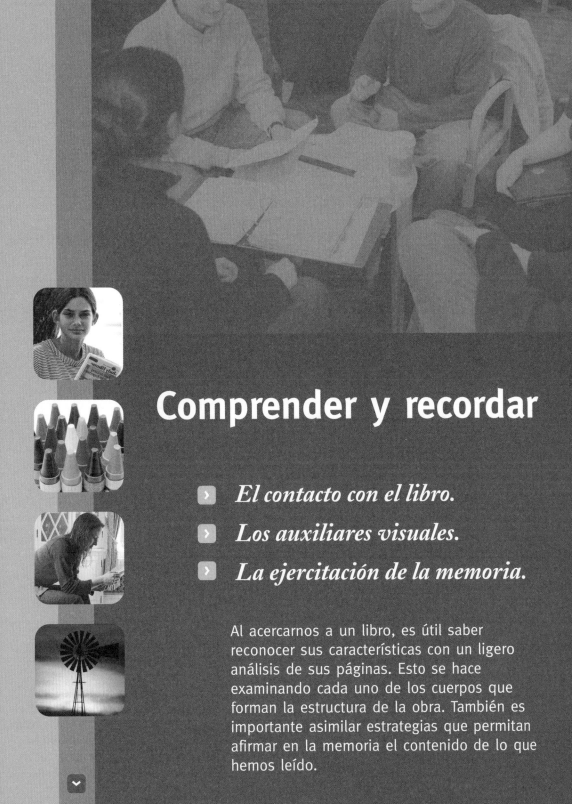

Comprender y recordar

> *El contacto con el libro.*
>
> *Los auxiliares visuales.*
>
> *La ejercitación de la memoria.*

Al acercarnos a un libro, es útil saber reconocer sus características con un ligero análisis de sus páginas. Esto se hace examinando cada uno de los cuerpos que forman la estructura de la obra. También es importante asimilar estrategias que permitan afirmar en la memoria el contenido de lo que hemos leído.

Reconocer
y rememorar
Estrategias de asimilación

En ocasiones, sucede que luego de haber subrayado las ideas principales de un texto y haber hecho el resumen, nos resulta difícil recordar su contenido. En este capítulo propondremos algunas estrategias para evitar esas "fugas" de la memoria.

Cómo nos contactamos con un libro

Muchas veces los estudiantes no pueden vislumbrar la postura del autor sobre el tema que ha desarrollado. Han leído, han hecho resúmenes, pero no logran traer esa respuesta a la memoria.

Hacer un examen detallado del libro nos indicará si es el que estamos buscando.

Lo más probable es que el estudiante conozca la respuesta, pero no puede explicarla porque estableció un mal contacto con el libro. Si el profesor da la indicación de leer un capítulo determinado, es probable que el alumno no sea capaz de integrar lo que dice allí con el contenido general del libro.

Revisar una obra comprende diferentes acciones:

Leer el título y pensarlo

Es importante reflexionar sobre el título de la obra ya que, por lo general, resume la intención, la inquietud o pensamiento del autor. Cuando se trata de cuentos, a veces el título es el de uno de los cuentos, pero cuando se trata de títulos que intentan motivar al lector a comprar la obra, como "Secretos del éxito

Revisar una obra

Tras la pista de los mamíferos

> Tapa

> Contratapa

personal" u otro similar, debes examinar otras secciones del libro, pues hay muchas ofertas parecidas –especialmente en los llamados "libros de autoayuda"– y sólo un examen más detallado te podrá orientar hacia el libro que cumpla mejor con tus expectativas.

El autor

La mayoría de los libros tienen una reseña acerca del autor. Es conveniente que averigües qué ocupación tiene, si está graduado en alguna universidad (sobre todo cuando se trata de contenidos científicos), si ha escrito otros libros, etcétera.

Tapas o sobrecubiertas

Una tapa es como un aviso publicitario: intenta imponer su imagen sobre las otras cientas o miles que hay en una librería. En ella figuran el título, el nombre del autor, el sello editorial (aunque no siempre, por ejemplo en las ediciones que emprende el mismo autor) y a veces menciona si ha sido éxito de venta. Las tapas suelen tener un dibujo o fotografía llamativos, relacionados de alguna manera con el contenido. Pero con mirar la tapa no alcanza, es necesario ver algo más.

Las tapas de los libros intentan atraer al lector con sus diseños.

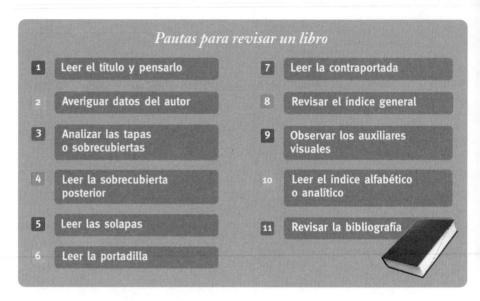

Pautas para revisar un libro

1 Leer el título y pensarlo	7 Leer la contraportada
2 Averiguar datos del autor	8 Revisar el índice general
3 Analizar las tapas o sobrecubiertas	9 Observar los auxiliares visuales
4 Leer la sobrecubierta posterior	10 Leer el índice alfabético o analítico
5 Leer las solapas	11 Revisar la bibliografía
6 Leer la portadilla	

Leer la sobrecubierta posterior

Cuando leas un capítulo de un libro, debes examinar el contenido general de toda la obra.

La sobrecubierta posterior –o contratapa– exhibe generalmente un breve resumen de los aspectos principales de la obra relacionados con el tema principal. Suele ofrecer también una corta información sobre el autor, y en muchos casos se incluyen opiniones de personalidades especializadas en el área que trata el libro, o puntos de vista de otros autores o críticos. Hay que cuidarse de los "milagros" que algunas sobrecubiertas ofrecen, como "Sea un genio en diez lecciones"

Portadilla y portada

> Anteportada o portadilla

> Staff y portada

o "aprenda a navegar en velero sin agua". En tales casos, es probable que el libro no sea serio.

Leer las solapas

Muchos libros tienen solapas, que corresponden a la continuación de la tapa o contratapa, y se encuentran dobladas hacia el interior del libro. Lo más común es que tengan una descripción del contenido del libro, o una biografía del autor.

Portadilla

Es la primera página de un libro, también se la llama anteportada. En ella figuran el título del libro, el nombre del autor, el sello editorial y, si hay varios autores o alguien los coordinó, sus nombres.

Contraportada

Es el reverso de la portada, y se trata de una verdadera ficha del libro. En ella se indica el número de ediciones de la obra. Por supuesto, muchas ediciones indican que el libro ha tenido mucha aceptación, lo cual ya es

Solapa y contratapa

Los paratextos que acompañan al libro hablan de su contenido.

> La solapa y la contratapa son la primera aproximación que tenemos a un texto.

una señal para seguir mirándolo con atención. Si se trata de la primera edición, revisa en la contraportada la fecha en que se editó, puede ocurrir que no tenga reediciones si salió a la venta hace poco tiempo. La fecha te indicará también si estás leyendo un libro con las últimas novedades que se conocen en esa materia específica. Cuanto más reciente sea la obra –tratándose de libros científicos–, mejor.

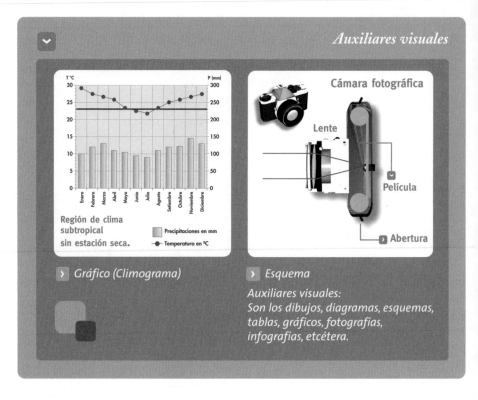

Auxiliares visuales

> Gráfico (Climograma)

Región de clima subtropical sin estación seca.

Precipitaciones en mm
Temperatura en °C

Cámara fotográfica

Lente

Película

Abertura

> Esquema

Auxiliares visuales:
Son los dibujos, diagramas, esquemas, tablas, gráficos, fotografías, infografías, etcétera.

Revisar el índice general

Todos los gráficos de un texto ayudan a entenderlo.

Esto se hace para tener una visión global de los diferentes aspectos tratados en la obra. El índice puede estar al comienzo o al final del libro, y es una guía que el autor nos da para localizar los contenidos de los distintos capítulos.

Observar los auxiliares visuales

Los auxiliares visuales son los dibujos, diagramas, tablas, gráficos, fotografías, infografías, etcétera. Todos ellos brindan valiosa información adicional, ya que a menudo aclaran temas complejos. Además, son un agente motivador para la lectura.

Las fotografías nos permiten en muchos casos asociar una información previa, integrar nuestros conocimientos, y nos facilitan la posibilidad de recordar lo que leemos.

El índice alfabético o analítico

No todas las obras lo tienen. Se trata de un índice donde figuran las palabras clave más importantes de la obra. Por ejemplo, un libro se puede llamar "Cómo aliviar dolores" y en el índice analítico figurarán los síntomas destacados. Por ejemplo: cabeza, miembros superiores, miembros inferiores, tórax, etcétera, y con otro tipo de letra aparecerán agrupados temas como dedos de las manos, muñecas, etcétera.

Bibliografía

Muchos libros, especialmente los científicos o destinados a universitarios, tienen una reseña bibliográfica donde el autor consigna las obras que empleó como fuentes. Cuando a uno le interesa mucho un tema, allí tiene una lista de obras que sirven como guía para seguir leyendo.

Estructuras del texto

Todos los textos tienen una estructura, que es la manera en que el autor distribuye los temas de su estudio.

En narrativa (novelas, cuentos, leyendas, etcétera) se habla de una **introducción** (presentación del tema, lugar, personajes, tiempo), un **desarrollo** (los hechos más relevantes) y un **desenlace** o **final**. Veremos que esta categorización es algo exigua, pues hay otras estructuras posibles para la narrativa.

También se habla de la estructura de las obras de teatro, que se dividen en **actos** (unidad temática hasta que baja el telón), **cuadros** (división dada por cambio de luces o de algún elemento de la escenografía), **escenas** (marcadas por la salida o entrada de personajes).

Casi no se mencionan las estructuras de los otros textos que no pertenecen a la narrativa (los textos de ciencias naturales, por ejemplo).

Atender a la estructura textual es una gran ayuda para la comprensión lectora.

Las comparaciones de los textos no narrativos pueden incorporarse de manera abreviada al resumen, si con eso se clarifican conceptos.

Estruturas del texto

> Textos no narrativos

> Textos narrativos

Estructura de textos no narrativos

Los textos no narrativos generalmente exponen ideas.

Las posibles estructuras de los textos no narrativos son sumamente variadas. Hay autores que siguen los procedimientos de la narrativa y emplean como estructura una introducción al tema, un desarrollo y un final. Otros, sobre todo en ciencias "duras" como la física o la matemática, comienzan directamente con el tema, sin introducción. En otros casos, en lugar de un desenlace o final, proponen un problema para resolver.

Debido a esta variedad, debes prestar atención a estos ítems, que suelen darse en párrafos distintos:

◘ **¿Hay enunciados?**
Si los hay, suelen tener definiciones que será preciso copiar textualmente en el resumen.

◘ **¿El autor argumenta?**
Hay que observar si argumenta apoyándose en otras tesis o autores o si su argumentación es original. Un autor que emplea fuentes suele citarlas. Según el tipo de texto de que se trate, una cita puede ser la idea principal. Si no lo es, no la incluyas en el resumen.

◘ **¿El autor ofrece pruebas?**
¿Qué clase de pruebas? ¿Son objetivas o subjetivas? Una prueba objetiva, a diferencia de una subjetiva, se puede constatar y difundir.

◘ **¿Establece comparaciones?**
Si hay comparaciones, presta atención respecto de su finalidad. Una comparación puede cumplir la función de aclarar un concepto, pero también puede emplearse para dar mayor valor a lo que se está afirmando. Cuando la comparación aclara el concepto, incorpórala de manera breve en el resumen.

◘ **¿Hay conclusiones?**
Generalmente las conclusiones están al final del texto, pero hay casos en que el autor comienza con las conclusiones, dando algo como cierto, y luego pasa a desarrollar la manera en que llegó a dichas conclusiones.

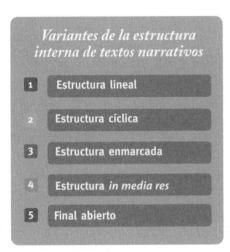

Variantes de la estructura interna de textos narrativos

1 Estructura lineal

2 Estructura cíclica

3 Estructura enmarcada

4 Estructura *in media res*

5 Final abierto

Estructura de textos narrativos

Los textos narrativos pueden ser novelas, cuentos, leyendas, etcétera. Podemos hablar de dos tipos de estructuras en ellos: una externa, que se puede conocer sin leer el texto, y otra interna, que se devela una vez leído.

La **estructura externa** de una novela se comprende mirando el índice. Las **novelas**, por tener muchas páginas, se dividen en capítulos. Cada capítulo suele tener una unidad temática. Algunas novelas se dividen en partes, pues el autor publica primero una parte y luego la segunda, pero ambas forman una unidad. En otras, un mismo hecho es narrado por distintas personas, de modo que cada narrador supone una visión diferente.

El **cuento** suele definirse como un texto narrativo que se lee casi sin interrupciones; por lo que se comprende que no tiene tantas páginas. Algunos cuentos se dividen en partes, que pueden estar indicadas con un número, aunque lo más habitual es que se dejen dos renglones en blanco. Con ello el autor señala que cambia el tiempo del relato o lo enfoca desde otro punto de vista.

Las **leyendas**, por lo general, no ofrecen divisiones externas.

La **estructura interna** de una obra narrativa se vincula al modo en que son contados los hechos. Esto puede variar según la obra.

Estructura lineal

Es aquella que contiene una introducción, un desarrollo o nudo, y un desenlace. En la introducción el autor presenta el tiempo, el lugar y los personajes principales hasta que comienza a esbozarse un conflicto. Los hechos que se refieren al conflicto forman el desarrollo, y el modo en que termina el conflicto es el desenlace. Por lo general, el tiempo es cronológico; es decir, se parte de un determinado momento y se avanza en el tiempo, aunque en el caso del cuento suele ser un tiempo breve.

Reconocer la estructura de los textos narrativos ayuda a comprenderlos mejor y a elaborar los resúmenes.

Estructura cíclica

Los relatos con final abierto generan más expectativas en los lectores.

Comienza con una brevísima introducción, pero el final lleva a la situación inicial. Por ejemplo: una persona juega dinero en el casino. Pierde todo, sigue jugando en otros lados hasta que su familia lo abandona. Se narran las vicisitudes de esta relación familiar y al final el personaje vuelve a jugar en el casino, o en otro lado. O sea que se forma algo así como un círculo en lo que respecta al tiempo. En este tipo de estructura, los personajes no aprenden de la experiencia, no cambian.

Estructura enmarcada

En ella hay un narrador que cuenta algo. Lo más importante es el relato que el personaje hace, de ahí su nombre, pues en un cuadro lo importante es la pintura, no el marco.

Estructura in *media res*

In media res es una expresión latina que significa "en medio del asunto". En estas estructuras no hay introducción, sino que el relato comienza con una acción. Por ejemplo, una novela o un cuento puede comenzar con una disputa en la que un personaje amenaza a otro de muerte. Comienza con la amenaza (o sea en medio del asunto) y luego el autor narra quién es cada uno, como surgió la rivalidad, etcétera.

Final abierto

En este tipo de estructuras no hay desenlace, pues es el lector quien tiene que conjeturar cómo termina, buscarle un final. Por ejemplo, dos personas se aman pero tienen enormes problemas para casarse.

Por ello, una de las dos decide alejarse y hacer un largo viaje. El final podría ser que quien se queda le pregunta al otro: "¿Volveremos a vernos?", y quien viaja le responde: "Puede ser". El lector decide si volverán a verse o no.

Los auxiliares visuales de los textos

Los auxiliares textuales pueden ser fotografías, dibujos, mapas, gráficos, cuadros, etcétera. Cada uno de ellos presenta información adicional.

Fotografías

Cuando un texto incluye fotografías, observa estos detalles:

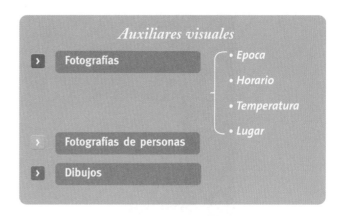

Auxiliares visuales

> Fotografías
- Época
- Horario
- Temperatura
- Lugar

> Fotografías de personas

> Dibujos

- Época
  ¿Es actual? ¿Es antigua? En el caso de que no sea actual, ¿qué elementos hay para poder deducir la época? Los elementos en tal caso pueden ser la ropa, el peinado, los medios de transporte (si los hay), etcétera.

- Horario
  ¿Es una foto diurna o nocturna? En el caso de fotografías nocturnas, presta atención a si hay luces encendidas cuando se trate de paisajes. Las luces pueden indicar edificios, faros de automóviles, un avión en el cielo, faro en zonas marítimas, etcétera. Si la foto es diurna puedes deducir a qué hora fue tomada por la longitud de la sombra. A mediodía la sombra es más pequeña. Se acorta a medida que se acerca el mediodía y se alarga después de las doce del día.

- Temperatura
  ¿Hay algo que indique la temperatura? Mira las ropas de las personas, si hay algún indicio de clima (como nieve, etcétera).

- Lugar
  ¿Es una foto de ciudad, de campo, de montaña, de zona marítima? ¿Qué puedes deducir de cada lugar? Si se trata de una gran ciudad verás edificios altos, tránsito abundante, etcétera. Una ciudad pequeña o un pueblo tienen menos cantidad de vehículos, calles más despejadas y edificación más baja. Fuera de la ciudad, observa si hay vegetación y de qué tipo se trata (tropical, subtropical, de zonas frías, etcétera). ¿Hay calles o senderos? ¿De qué tipo?

Una fotografía se puede "leer" casi como si fuera un texto.

Fotografías de personas

La ropa puede indicarte la clase social de esa persona, la época en que fue tomada la foto, la situación en que se tomó. ¿Están vestidos para una fiesta? ¿Tienen guardapolvos blancos? Eso te indicará aproximadamente la profesión (en el caso de guardapolvos blancos, puede ser un docente o alguien relacionado con la salud, como un médico o una enfermera). ¿Está realizando alguna acción? ¿Qué nos "dice" esa acción de la persona fotografiada y del lugar en que se tomó la foto? ¿Qué revelan los gestos de las personas?

Dibujos

Se recomienda seguir las mismas indicaciones que para leer una fotografía, pero se agregan estos datos:

- ¿Es un dibujo realista, esto es, intenta reflejar –como una fotografía– la realidad?

- ¿Es un dibujo fantasioso? ¿Qué elementos hay para afirmarlo?

La mayoría de las cosas que recordamos han sido guardadas en la memoria con nuestras palabras.

Si son senderos de tierra, debe tratarse de una zona rural o un país muy pobre. Si hay alguna casa, observa los materiales con que se construyó, su forma y trata de deducir a qué clase social pertenece su dueño. Si hay animales, observa cuáles son, en qué estado se encuentran (¿parecen saludables? ¿Son domésticos o no?) Si es sólo un paisaje, ¿se nota alguna intervención humana? (por ejemplo un puente, jardines cuidados, algún edificio lejano, etcétera).

◨ Si es el dibujo de una persona, ¿se trata de una caricatura? ¿Qué rasgos del personaje real destaca el autor como los más relevantes?

Consejos para hacer más eficiente la memoria a corto plazo

Leer con una finalidad específica

Un mismo texto puede leerse con diferentes motivaciones. Por ejemplo, un relato sobre una ascensión al Himalaya puede ser leído por placer, por obligación, para reunir datos sobre las altas cumbres, para hacer una investigación de oficios de riesgo, etcétera. Por lo tanto, según la finalidad, cada lector selecciona lo que es más significativo para él. Para que lo leído pueda recordarse, debe tener un significado y una utilidad acordes al fin que se persiga. Como es muy difícil que se pueda recordar todo, hay que ser selectivo.

Apreciar el conjunto

Ya hemos visto que es importante reconocer la estructura de un texto. Ahora refinemos más el proceso. Apreciar el conjunto es como buscar una ciudad en un mapa. Suponte que tienes que localizar Jerez de la Frontera. Si miras punto por punto en un mapamundi, tardarás muchísimo. Si sabes que esa ciudad queda en España, acortarás el tiempo de

la búsqueda, que igual será largo, pero si sabes que queda en Andalucía, sobre la costa del Mediterráneo, ahorrarás esfuerzos. Apreciar el conjunto es como ver el mapa de España, luego buscar Andalucía, y por fin Jerez de la Frontera: primero es necesario abordar lo general para luego pasar a los detalles.

Ayudas para recordar mejor

Ya hemos visto algunas estrategias para mejorar la memoria. Ahora nos concentraremos en cómo alcanzar dicho objetivo de manera metódica.

› **Un buen registro**
Se llama registro al ingreso de la información. Comprende la exploración del libro, lectura, reflexión y detección de ideas principales y secundarias.

› **Recuperación**
Es preciso distinguir entre reconocimiento y rememoración. El reconocimiento parte de algo externo. Es lo que haces cuando miras las notas que hiciste, o cuando ves en el álbum familiar una fotografía de un pariente o amigo al que no ves hace tiempo. Ver la foto –algo externo a ti– te trae a la memoria a esa persona, alguna anécdota, etcétera.

La rememoración es un proceso más complejo porque el estímulo parte del mismo lector. Sea cual fuere el empeño puesto en subrayar las ideas principales, hacer resúmenes, tomar notas, "leer" fotos, etcétera, si no puedes recordar lo leído, has perdido el tiempo. La memoria a corto plazo retiene datos, pero se desvanece rápidamente. Debes ejercitarla, pero hay ciertas investigaciones que conviene tener el cuenta: el 80 % de la información aprendida se suele perder a las 24 horas siguientes al aprendizaje. Esto ocurre porque no se ha hecho nada para alojar dicha información en la mente.

Decirlo con tus palabras

A las 24 horas de haber aprendido algo, sólo retenemos el 80 % de esa información, por lo que hay que fijarla con determinadas estrategias.

Así como la lectura se afianza sobre lo que ya conoces (ver ejemplo de los copolímeros en el capítulo 3), una actividad que refuerza la asociación es "traducir" lo leído con tus propias palabras. Es muy posible que no recuerdes las palabras del libro de historia que se referían a las momias egipcias, pero sí tienes, en el "almacén" de la memoria, nociones sobre las momias porque las has guardado con tus palabras. La mayoría de la información que recuerdas responde a este mecanismo. Puedes ejercitar relatando a otra persona lo que leíste, con tus propias palabras, pero lo mejor es hacer resúmenes. Además, el que escucha no puede evaluar si recuerdas mucho o poco, bien o mal, etcétera. Hay cosas que se guardan para siempre en la memoria, por ejemplo, todos recordamos el atentado a las Torres Gemelas de Nueva York. Podemos decir cuándo nos enteramos del suceso, con quién estábamos y hasta el clima de ese día o la ropa que vestíamos.

> #### ¡Cuidado con la parte media de un texto!
>
> Las dificultades para recordar lo leído pueden tener muchos orígenes: texto complicado, pérdida de concentración, no haber subrayado las ideas principales, etcétera.
>
> Sin embargo, hay otras consideraciones a tener en cuenta. Se ha comprobado que la mayoría de las personas tienden a olvidar en primer lugar la parte central de un texto, luego el principio, y en último lugar el final. Por ello es conveniente que prestes especial atención a esa parte media, ya sea releyendo el resumen o con procedimientos mnemotécnicos.

Eso ocurre porque hemos hablado mucho sobre el hecho. Pero en este ejemplo, nuestros interlocutores podían constatar lo que les decíamos, pues ellos también lo habían vivenciado. Por lo tanto, lo mejor sigue siendo escribir con palabras propias el resumen.

Cuándo y cómo repasar lo leído

Debido que a los 45/50 minutos de lectura se produce un descenso en la concentración, es conveniente que tomes un breve descanso de unos diez minutos.

Tras esa pausa, repasarás rápidamente lo leído y continuarás con la lectura. Es decir, el plan es: por cada 45/50 minutos de lectura, diez de descanso y diez de repaso.

El segundo repaso lo harás 24 horas después de haber leído o estudiado. Releerás las ideas principales para poder retenerlas. Luego harás el resumen.

Una semana después del primer día de lectura, releerás las ideas principales.

Un mes después del primer contacto con el texto, harás una revisión y procederás a memorizar el resumen.

Cómo recordar fechas y nombres

Mnemosine era una musa griega que se ocupaba de la memoria. En su honor se les llaman **reglas mnemotécnicas** a aquellas estrategias que ayudan a estudiar y memorizar un tema. Una de las reglas mnemotécnicas para recordar nombres para siempre consiste en aprender, primero, diez palabras de memoria. No es mucho esfuerzo si se piensa que se trata de recordar para siempre muchísimos datos. Las diez palabras son las siguientes, aunque cada uno puede hacer su lista cambiando alguna:
te, jalea, mar, sol, luz, sandía, pez, bufanda, bar, toro.

Supongamos que debes memorizar la fecha de nacimiento de William Shakespeare (1564), pues bien, si sabes de memoria y por orden las palabras anteriores, armarás una pequeña historieta mental, cuanto más ridícula mejor, como ésta:

Cómo recordar palabras clave

El mismo método con ligeras variantes se aplica cuando se desean recordar palabras clave de un texto.
Por ejemplo, se han marcado estas palabras en un texto referido a la campaña a Egipto de Napoleón Bonaparte: Campaña, Egipto, Napoleón, dominio turco, armada inglesa vencedora, arqueología. Hay que armar una imagen mental más o menos así: vemos a Napoleón sentado encima de una pirámide; a su lado un hombre turco (ponle turbante, o algo así) se lamenta y lloriquea, pero viene una mujer inglesa (la que asocies, puede ser desde la mismísima reina Isabel a una cantante de rock) armada hasta los dientes, lo corre a Napoleón de encima de la pirámide, y éste se va a mirar cómo un arqueólogo excava la tumba de un faraón. Es mucho más fácil recordar un dibujito animado –sobre todo cuando uno mismo es el autor– que un montón de palabras sueltas.

Como la memoria tiene ciertos plazos de retención, debes hacer revisiones periódicas hasta fijar los conocimientos.

verás a Shakespeare tomando té (número 1) bajo una poderosa luz (número 5), a la vez le pones sobre la cabeza una sandía (número 6) para cubrirse del sol (número 4).

Un mapa conceptual se hace organizando los conceptos en redes de significación.

La fecha de cumpleaños de un amigo puedes recordarla de la misma manera: si cumple años el 27 de agosto, arma una imagen como esta: ves a tu amigo saboreando jalea (número 2) mientras mira un pez (número 7) que tiene (iiel pez!!) una bufanda (número 8).

Muchos apellidos pueden recordarse asociándolos con una palabra afín, por ejemplo, es muy fácil recordar Del Río si lo vemos pescando, o a un *Olivar* si lo vemos podando olivas. *Téllez* puede asociarse con tallos, *Anderson* lo recordarás si lo ves bajo el sol diciendo "arde el sol", etcétera.

Las reglas mnemotécnicas nos ayudan a recordar y memorizar un tema.

Herramientas gráficas de comprensión

La relación efectiva entre el autor y el lector se potencia cuando al terminar de leer un texto se recurre a determinadas herramientas gráficas que posibilitan la comprensión.

Tú mismo debes crear estas herramientas, pues con ellas recoges ideas, las categorizas de modo de visualizar rápidamente las conexiones lógicas de un texto.

Si al leer tienes en cuenta que luego harás un cuadro sinóptico o un mapa conceptual, prestarás más atención a las relaciones entre las palabras y los conceptos.

Las herramientas u organizadores gráficos son los cuadros sinópticos, las cadenas de hechos, los esquemas radiales y los mapas conceptuales.

El mapa conceptual

Un mapa conceptual –llamado también mapa semántico o red semántica– es un gráfico que coloca cada concepto en una red que establece sus relaciones.

Un mapa conceptual no tiene una única representación, sino que cada mapa refleja sólo una de las posibles formas de organizar el conjunto de conceptos. Observa el texto en recuadro.

El origen del baloncesto o básquet

El básquet o baloncesto podría derivar de uno de los juegos más antiguos del mundo: el *tlachtli* o juego de pelota maya. Los mayas construían, en la mayoría de sus centros ceremoniales, unas edificaciones compuestas por un patio central y dos transversales (uno en cada extremo del central), formando una I mayúscula. En el patio central había, sobre las paredes, anillos de piedra para que una pelota de hule pasara por su centro. La pelota era durísima y lastimaba al jugador, por lo que éste llevaba protectores en los brazos y la cintura, zonas con las que debía golpear la pelota para que el juego fuera válido. El baloncesto fue inventado en diciembre de 1891 por el profesor de educación física canadiense James Naismith. La primera pelota usada fue de fútbol. Los equipos tenían nueve jugadores y las canastas eran de madera, fijadas a los muros. Alrededor de 1897 se reglamentaron los equipos de cinco jugadores. El juego se extendió rápidamente por Canadá, Estados Unidos y otras partes del mundo, jugado tanto por hombres como por mujeres. También llegó a ser un popular deporte informal al aire libre. Los soldados estadounidenses que participaron en la Segunda Guerra Mundial popularizaron este deporte en muchos otros países.

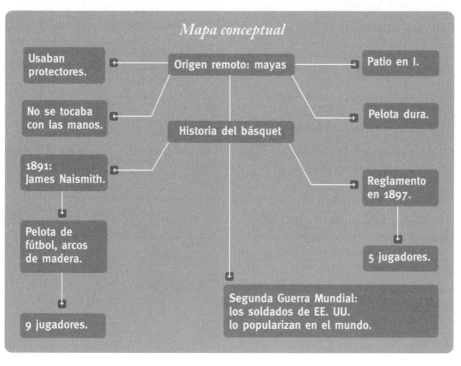

Mapa conceptual

- Usaban protectores.
- Origen remoto: mayas
- Patio en I.
- No se tocaba con las manos.
- Pelota dura.
- Historia del básquet
- 1891: James Naismith.
- Reglamento en 1897.
- Pelota de fútbol, arcos de madera.
- 5 jugadores.
- 9 jugadores.
- Segunda Guerra Mundial: los soldados de EE. UU. lo popularizan en el mundo.

Los organizadores gráficos ayudan a bosquejar la información más importante de un texto.

El aura conceptual

Armar un mapa conceptual resulta de mucha ayuda para internalizar un texto.

En 1988, el educador André Giordan sostuvo que los conceptos no pueden asimilarse aislados unos de otros, ni por acumulación de los mismos. Esto quiere decir que para acceder mejor al conocimiento debes **tener en cuenta las ideas periféricas**. A esto lo llamó el aura conceptual. El ejemplo dado por Giordan sobre el aura conceptual es la noción de aparato digestivo.

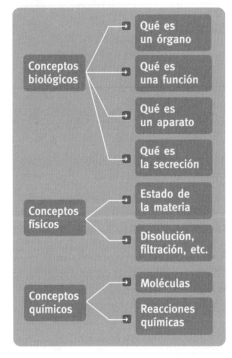

Hay ideas "periféricas" que debes entender para comprender cómo funciona el aparato digestivo y qué órganos lo componen. Si no tienes noción de qué es un órgano, qué es la secreción, etc., el mapa conceptual será una ayuda, pero no asegurará por sí mismo la real comprensión del texto.

El consejo

Hemos insistido en la importancia del subrayado de las ideas principales en un texto. Ahora veremos las distintas maneras de subrayar, cuáles son las mejores y de cuáles hay que abstenerse. Todo subrayado supone un cierto deterioro físico de un libro. Por lo tanto, siempre debe hacerse con lápiz.

> No hay que subrayar palabras desconocidas. Cuando aparece alguna, anótala aparte si en ese momento no cuentas con un diccionario a mano. También puedes usar el signo "¿" para indicar que no la comprendes en ese contexto, y luego preguntarle al maestro o educador.

> No uses resaltadores de color, por las mismas razones mencionadas anteriormente para los subrayados con tinta.

> No uses distintos colores para subrayar, por ejemplo rojo para las ideas principales, azul para las secundarias, verde para los ejemplos.

> Lo mejor es hacer un resumen con estos contenidos y no estropear un libro. Además, el tiempo que lleva subrayar con distintos colores es mejor invertirlo en el resumen.

Lectura veloz

- › *La necesidad de leer más rápido.*
- › *Percepción y discriminación.*
- › *Requisitos para agilizar la lectura.*

Ante la multiplicación y el desarrollo de los medios informativos, es preciso escoger con criterio lo que leemos, y también es útil adquirir una velocidad lectora que nos permita abordar y comprender el texto en un tiempo reducido.

La necesidad de leer más rápido
Más lectura en menos tiempo

Vivimos en una época vertiginosa. Cada día hay más avances tecnológicos y debes estar preparado para las exigencias de los nuevos tiempos. Sea cual fuere la etapa en la que te encuentres –escuela, universidad–, la lectura constituye una parte esencial y obligatoria de tu desarrollo. Por eso hoy, más que nunca, debes aprender a leer de manera más veloz.

¿Qué cosas leemos?

Procura leer las palabras de un solo golpe de vista.

Todos los días nos llega una enorme cantidad de lectura a través de diarios, revistas, faxes, correos electrónicos, libros e Internet. Ya no es suficiente haber alcanzado cierto nivel de estudios: es preciso actualizarse permanentemente.

La radio y la televisión dan información oral, pero la misma es, por lo general, superficial.

Además, ya hemos visto que lo que se escucha se recuerda menos que lo que se lee. Y aunque tengamos una excelente memoria auditiva, si queremos conocer mejor ciertos hechos, debemos recurrir a la lectura. Con la radio y la televisión no puedes reflexionar, analizar ni evaluar. Su flujo constante no da tiempo para ninguna de estas habilidades.

Con la lectura sí puedes hacerlo, y si luego haces un resumen de contenidos, esa lectura te servirá. Como dijo Confucio hace 2.500 años: "Si oigo, olvido; si leo, recuerdo; si hago, aprendo".

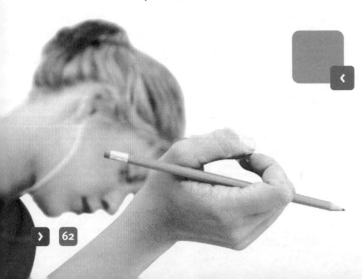

Agilidad visual

La lectura implica **dos procesos simultáneos: el físico y el mental.** En el proceso físico pasamos los ojos sobre el texto para captar las palabras. En el proceso mental elaboramos los significados, los captamos mentalmente.

Cuando leemos una oración no buscamos el significado de cada una de las palabras, sino el de toda de la oración.

Sin embargo, por falta de agilidad visual, podemos perder tiempo y comprensión. Quienes leen muy lentamente, hacen con sus ojos algo semejante a esto:

Conviene practicar para mejorar.

Para mejorar la agilidad visual hay distintos ejercicios. Recuerda que el ojo es capaz de ver varias palabras a la vez (se calcula que unas siete palabras de un solo vistazo). Los ejercicios de agilidad visual ayudan a preparar el ojo para captar más palabras a la vez. Hay que comenzar de a poco y practicar todos los ejercicios sin saltearse ninguno.

Fijaciones, movimientos sacádicos y barrido

Los movimientos de los ojos al leer realizan tres actividades: fijación, movimientos sacádicos y barrido. Las **fijaciones** ocurren **cuando el ojo se detiene**, y es entonces cuando realmente leemos. Si observas a una persona cuando lee, probablemente verás **pequeños movimientos semejantes a saltos espasmódicos**. Estos movimientos se realizan entre **fijación y fijación** y se los llama **movimientos sacádicos**.

Cuanto más practiques los ejercicios de agilidad visual, más te entrenas para la lectura veloz.

veces como palabras hay en una línea (por lo general entre 12 y 18 palabras, según el tamaño de la letra del libro). O sea que hacen una fijación por palabra y un movimiento sacádico entre una palabra y la siguiente.

Hacia los 13-14 años se realizan entre 5 y 6 fijaciones por línea, lo que significa que se ha logrado ampliar el golpe de vista.

Con la práctica constante de ejercicios se amplía el campo visual (cantidad de letras que captamos en el golpe de vista) de diez letras por fijación a veintiún letras por fijación, o sea más del doble, lo que aumenta la velocidad lectora.

Requisitos para aumentar la velocidad lectora

Para mejorar la velocidad de lectura sin que se afecte la comprensión, es preciso cumplir con los siguientes requisitos:

▸ **Deseo de mejorar la velocidad de lectura.**

Cuando lees, debes mover los ojos, no la cabeza. Cuando llegamos al final de un renglón debemos ir al renglón **siguiente**. Esto es el barrido de retorno. Podría decirse que los movimientos sacádicos representan un tiempo muerto.

Como la fijación constituye el momento de leer, si disminuimos los movimientos sacádicos ganaremos en velocidad. Como la fijación equivale a "golpe de vista", cuanto mayor sea la amplitud que captes en una sola fijación, menos movimientos sacádicos harás.

Los niños de siete y ocho años son los que se detienen tantas

Velocidades de lectura y comprensión lectora

Las velocidades de lectura según la edad son las siguientes:

> Hasta los 12 años...................... 200 palabras por minuto.

> De 13 a 14 años........................ 250 palabras por minuto.

> Universitarios .... 320 palabras por minuto.

> Post grado.............................. 400 palabras por minuto.

El cuadro siguiente indica la comprensión lectora por edades, teniendo en cuenta que se trata de la primera lectura de un texto:

> Hasta los 12 años .... 50-70 %

> De 13 a 18 años....................... 55-70 %

> Universitarios........................... 65-75 %

> Post grado.............................. 75-80 %

La práctica sistemática te permitirá avanzar y obtener logros.

◘ **Creer que se puede mejorar.**
Quizá entre tus amigos o conocidos haya alguien que lee más rápido que tú, sea de manera intuitiva o por haber seguido algún curso de lectura veloz. Eso demuestra que se puede mejorar.

◘ **Competir con uno mismo.**
Se trata de realizar los ejercicios propuestos y decidirte a mejorar los promedios de tiempos de lectura. Para competir contigo mismo, lo mejor es anotar en el cuaderno el resultado de cada ejercicio poniéndole la fecha en que lo realizaste.

◘ **Evitar la tensión.**
Cuando se practica aumentar la velocidad de lectura, muchas personas se ponen nerviosas. La tensión puede afectar de manera negativa la comprensión.

Puedes estar atento y relajado, sólo trata de proponértelo.

◘ **Práctica.**
Sólo practicando se pueden obtener logros. Si no practicas sistemáticamente, vuelves a leer de la manera en que lo hacías antes, y vuelves a caer en los viejos malos hábitos de toda la vida.

Palabras = imágenes en dos mitades

Una de las premisas de la lectura veloz es que nos acostumbramos a captar el sentido de las palabras en fracciones de segundos basándonos en su imagen, esto es, en su forma general.

Los grafólogos afirman que la parte superior de las letras es más importante que la parte inferior. A la parte superior la llaman "lomo" de las letras, y es la que da personalidad a la escritura.
Por ejemplo, podemos leer la frase siguiente aunque falte su parte inferior:

> SU HERMANO MAYOR ES MÚSICO

Esa misma frase, en su parte inferior, es casi imposible de descifrar:

> SU HERMANO MAYOR ES MÚSICO

Debes acostumbrarte a que tus ojos pasen como "volando" sobre los lomos de las palabras, ya que estarás concentrando el foco visual en la mitad de las palabras. Esto representa un gran ahorro de tiempo y energía.

Velocidad lectora y nivel de educación

Sólo practicando asiduamente erradicarás los malos hábitos de lectura.

Los especialistas en métodos de lectura rápida han constatado que las personas que tienen mayor nivel de educación leen más rápido que quienes sólo han estudiado primario y secundario.

Contrariamente a lo que podría suponerse, esto no significa que los conocimientos por sí mismos tengan relación directa con la velocidad lectora, sino que los profesionales están más motivados para leer... y tienen más presión para hacerlo.

O sea que desarrollaron de manera intuitiva un "método" individual para, por lo menos, desechar aquellas partes de la lectura que no son relevantes o para tener un golpe de vista que les permita saber qué es lo más importante de una página.

También se comprobó que si los universitarios que leen a buena velocidad dejan de estudiar, vuelven a tener la velocidad de lectura que tenían a los trece o catorce años, es decir, pierden el hábito por no practicar.

Ése es su hermano mayor.

Para mejorar la concentración

Una buena concentración nos ayuda a encontrar las ideas principales de un texto, a ir detectando las palabras clave que usaremos en los resúmenes o a idear los gráficos.

Sin embargo, muchas veces el estornudo de alguien que vive con nosotros, un ruido de la calle, un papel que se cae movido por el viento, cualquier cosa puede sacarnos de la concentración, y luego debemos —a menudo penosamente— retomar o releer para "engancharnos" otra vez con el texto.

Naturalmente, si estamos leyendo algo que nos atrae mucho, no habrá papel que caiga que nos saque de tema, pero si leemos algo de estudio con lo que no somos afines, la mente "volará de flor en flor". Para ejercitar la concentración valen muchos ejercicios tipo juegos, como algunos de la computadora.

Pero tienen la desventaja de que pueden transformarse en verdaderas adicciones, y así, con el pretexto de "estoy entrenando mi concentración", perderemos horas con los famosos jueguitos. Lo mejor, entonces, es practicar con el siguiente ejercicio.

El ABC de la concentración

Este ejercicio consiste en decir el abecedario al revés, de la Z a la A. Practícalo dos o tres veces (incluso puedes proponerle un "desafío" a un amigo a ver quién lo dice al revés más rápido).

La motivación, y el interés hacen aumentar la velocidad y la comprensión lectoras.

Ampliación de vocabulario

Supongamos el siguiente ejercicio: recorre con la vista los cuadritos tratando de localizar la letra distinta de las demás.

Agregaremos este otro consejo: como para hacer resúmenes es mejor redactarlos con nuestras propias palabras, primero tengamos una noción de cuán avanzados estamos en el manejo de vocabulario. Se trata de buscar, sin diccionario, dos sinónimos para cada una de las siguientes palabras:

RD	PFS	JMK
FJS	DM	MFJ
OV	YGI	VG
YN	OIG	YOI
MTMF	MDPL	PHLD
TLFM	LPDM	FTDL

Incisión: ....
Coherente: ....
Enigmático: ....
Sustancial: ....
Perimido: ....
Sagaz: ....
Fehaciente: ....
Categórico: ....
Verosímil: ....
Candente: ....
Vehemente: ....
Solitario: ....

La vocalización demora la velocidad de lectura. Este ejercicio tiene como dificultad adicional que no podemos formarnos una idea mental de las letras que leemos (en algunos casos es imposible armar sílabas). Casi lo mismo ocurre cuando leemos un texto y encontramos palabras que no entendemos. El consejo dado hasta ahora ha sido leer con un diccionario a mano.

Si no se conoce el significado de alguna de estas palabras... habrá que volver al diccionario.

Cada lectura tiene su velocidad apropiada

No es lo mismo leer un volante callejero en el que nos ofrecen un salón de belleza que leer una fórmula matemática. Aunque el volante y la fórmula tengan la misma cantidad de palabras, cada tipo de lectura requiere una concentración y una dedicación distintas. En general, los tipos de lecturas se pueden dividir en:

Lectura de entretenimiento

Se trata de la lectura de revistas (que no sean científicas o profesionales), diarios en general, novelas tipo best seller, libros de chistes, etcétera. Se calcula que un adulto promedio lee este tipo de textos a razón de unas 250 a 350 palabras por minuto, pero si es un artículo que nos interesa más, la velocidad desciende a unas 250 palabras por minuto. En cuanto a la comprensión, de una revista o un diario se retiene un 70 % al terminar de leer.

Televisión versus libros

Durante siglos, desde los egipcios con sus jeroglíficos, la humanidad transmitió por escrito sus conocimientos. A partir de la imprenta, el saber se amplió, pero no eran muchos los que tenían acceso a los libros, pues eran caros y poca gente, en general los de clases altas o ligadas a los reyes, sabían leer y escribir.

La Revolución Francesa de 1789 democratizó la enseñanza: todos podían acceder a la lectoescritura. Esto, sumado a la Revolución Industrial que aceleró la impresión de libros y diarios, fue sumando lectores... y textos. En el siglo XIX hubo otros enormes avances técnicos, como la fotografía, la luz eléctrica, etcétera, que culminaron en el siglo XX con la televisión, entre otros.

La televisión y la radio –como ahora ocurre con Internet– hicieron suponer que los libros morirían. Sin embargo, se calcula que en el año 2000 se editaron en el mundo unos seis mil millones de libros. Quienes no leen el diario porque en la radio o la televisión tienen las noticias "más rápido", olvidan que la lectura silenciosa permite asimilar información de manera mucho más veloz que mediante la palabra hablada, y que lo que se escucha se olvida mucho más que lo que se lee. Si se practica lectura veloz, se calcula que una hora de lectura silenciosa equivale a diez horas de noticias por televisión.

Alegarás que la televisión entretiene. ¿Cuántas veces te quedaste hasta muy tarde en la noche para ver algo que al final fue un fiasco? ¿Valía la pena estar con sueño al día siguiente?

A los 18 años un joven ha visto unas 18.000 horas de televisión y ha asistido unas 10.500 horas a clase. Y, lo más grave, muchos toman a la pantalla chica como su principal fuente de información sobre el mundo, las relaciones sociales y los modelos de comportamiento.

No se puede negar que hay excelentes programas de televisión, pero aún así no podemos reflexionar con ella, ya que no nos da tiempo para eso por ser una sucesión inacabable de estímulos y sucesos. Por lo tanto, la propuesta es tomar a la televisión como algo para entretenerse luego de que se hayan realizado las tareas escolares o para mitigar por media hora el cansancio de una larga jornada de estudio.

Y, definitivamente, para llegar a ser una persona culta y obtener logros en los estudios y en la vida... es necesario dedicarle menos tiempo a la televisión y más a los libros.

Tipos de lectura

> Lectura de análisis

> Lectura de entretenimiento

> Lectura de repaso o consulta

> Lectura de estudio

Lectura de repaso o consulta

En este caso se trata de leer un texto para consultar un tema. Por lo general, cuando leemos un libro con tal fin, suelen ser diccionarios enciclopédicos o manuales. En esta lectura intentamos tener una visión global del tema, y solemos saltear líneas o párrafos. Es difícil calcular la velocidad lectora justamente porque se saltean muchas palabras. La comprensión alcanza, tras repasar de este modo, a un 50 %.

John F. Kennedy siguió cursos de lectura veloz y alcanzó la cifra de 1.200 palabras por minuto.

Lectura de estudio

Es aquella que exige reflexionar y subrayar algunas palabras. Por lo general se trata de apuntes de clase o resúmenes para estudiar. Como es una lectura que requiere de mayor atención, se leen entre 180 y 200 palabras por minuto. Si se subrayan las ideas principales del texto y se buscan las palabras desconocidas, logrando una visión global del libro o del apunte, esta lectura se comprende en un 90 al 100 %.

Lectura de análisis

Es la que haces cuando buscas las ideas principales. En ella evalúas datos y contenidos, vas haciéndote preguntas, comparas, confrontas o no con el autor. Es la lectura más lenta, y su velocidad depende de cada uno, de sus conocimientos previos del tema, de la comprensión de vocabulario, de la motivación y el interés que esa lectura susciten. Requiere una gran concentración y, por depender de los conocimientos de cada lector, no se tabula la cantidad de palabras por minuto. La comprensión puede llegar al 100 %.

¿Cómo leer más rápido?

Cuando uno aprende a hacer algo pareciera que nunca puede llegar a realizarlo rápidamente. El tiempo se volvió, en estos últimos años, en un bien muy preciado por todos los seres humanos. Siempre escasea.

La idea es que tú aprendas a leer rápido. Ahorrar tiempo en la lectura. Aunque esto no significa no prestar atención a lo que se está leyendo. Todo lo contrario. Se trata de aprender a leer más rápido de lo que tú acostumbras a hacerlo y poder retener todo en tu memoria.

¿Cuándo comenzar?

Lo primero que hay que determinar es lo que tú estás leyendo. Si es un papel de negocios tendrás que leer cuidadosamente los artículos más importantes y estar bien alerta a lo que está redactado en ellos.

La lectura debe encararse como una actividad que amplía nuestro espíritu.

Por eso también uno **pierde** tiempo al leer algo ya sea revistas, diarios, lecturas en el trabajo, o inclusive el bombardeo de información que facilita Internet.

Trata de estar lo más relajado posible o tu mente se centrará solamente en la tarea más que en el contenido y la comprensión del material.

El consejo

Un refrán dice que todas las comparaciones son odiosas, por lo tanto no importará si comprobamos que alguien lee más rápido que nosotros. Lo importante es proponerse mejorar.

En Estados Unidos de Norteamérica se comprobó que cuando los alumnos de escuelas primarias y secundarias aprendían métodos de lectura veloz, en sólo 2 ó 3 meses –según la intensidad de los cursos– duplicaban o triplicaban su velocidad y su comprensión de textos. Si otros lo lograron, nosotros, con voluntad y entusiasmo, también lo lograremos.

La lectura como actividad holística

Debemos considerar a la lectura como una actividad holística, esto es, que cada parte de nuestro ser participa del proceso y potencia a las demás. En el plano físico intervienen los ojos y el cerebro, pero también dependemos de la buena iluminación y de un asiento cómodo. En lo afectivo debemos disponernos a entrar en contacto con un autor, una persona que se ha esmerado por comunicarnos sus conocimientos o sus experiencias o sus fantasías, si se trata de lecturas de ficción o poesía.

En el plano mental se realizan dos procesos: la intra-integración, que es el enlace de todas las partes de la información leída, y la extra-integración, que es la utilización de nuestros conocimientos previos sobre el tema que leemos. Este proceso refuerza el plano afectivo, pues evaluamos y aceptamos o rechazamos lo que el autor nos dice, esto es, nos involucramos afectivamente.

En lo espiritual, la lectura mejora la comprensión y la tolerancia hacia otras ideas. Debemos leer predispuestos a trascender la mera recopilación de datos; hay que leer para enriquecer nuestro espíritu.

Leer aumenta la comprensión y la sensibilidad.

Las garzas

—El lago Titicaca. ¿Conoce usted?
—Conozco.
—Antes, el lago Titicaca estaba aquí.
—¿Dónde?
—Aquí, pues.

Y paseó el brazo por el inmenso secarral. Estábamos en el desierto del Tamarugal, un paisaje de cascajos calcinados que se extendía de horizonte a horizonte, atravesado muy de vez en cuando por alguna lagartija; pero yo no era quién para contradecir a un lugareño. Me picó la curiosidad científica. El hombre tuvo la amabilidad de explicarme cómo había sido que el lago se había mudado tan lejos:
—Cuándo fue, no sé, yo no era nacido. Se lo llevaron las garzas. En un largo y crudo invierno, el lago se había congelado. Se había hecho hielo de pronto, sin aviso, y las garzas habían quedado atrapadas por las patas. Al cabo de muchos días y muchas noches de batir alas con todas sus fuerzas, las garzas prisioneras habían conseguido, por fin, alzar vuelo, pero con lago y todo. Se llevaron el lago helado y con él anduvieron por los cielos. Cuando el lago se derritió, cayó. Y quedó donde ahora está. Yo miraba las nubes. Supongo que no tenía cara de convencido, porque el hombre preguntó, con cierto fastidio:
—Y si hay platos voladores, dígame usted, ¿por qué no iba a haber lagos voladores? ¿Eh? Me dio la espalda y se fue.

De *Aves*, Eduardo Galeano.

Técnicas de lectura

> *La erradicación de malos hábitos.*

> *La concentración como requisito.*

> *Lecturas recomendadas.*

La lectura veloz requiere eliminar ciertas
prácticas con las que estamos acostumbrados
a recorrer un texto, y a la vez implica adoptar
nuevas usanzas que nos permitan desarrollar
un ritmo de lectura más acelerado y
sostenido.

Principios de la lectura veloz

Aprendiste a leer reconociendo primero las letras, luego las sílabas, después las palabras. Leyendo de este modo a una velocidad normal de 250 palabras por minuto, leer un libro de 200 páginas lleva siete horas. En cambio, la lectura veloz te permite leer el mismo libro de 200 páginas en menos de dos horas.

Velocidad lectora: autoevaluación

Para poder calcular tu velocidad de lectura, lee un texto (al que le hayas contado las palabras) y toma el tiempo de lectura.

Las estrategias de lectura veloz permiten atrapar más palabras dentro de nuestro campo visual.

Para poder autoevaluarte, lee el texto que sigue y haz el cálculo como se indica. Al iniciar la lectura, cuaderno en mano, anota la hora con minutos exactos y luego anota la hora precisa en que terminas de leer.

Ejercicio:

Cantidad de palabras: 1.499

Hora de inicio:.......................

Hora de finalización: ....

Para la autoevaluación, divide las palabras según los minutos. Por ejemplo, si demoras 6 minutos debes dividir 1499 por 6. El resultado será 249 palabras por minuto.

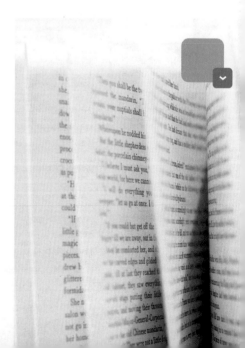

Bucaneros, corsarios: piratas al servicio del rey

Cuando los reyes consolidaron su poderío, cayeron en la cuenta de que los navíos civiles armados eran una buena solución para atacar el comercio del enemigo y privarlo de recursos. Casi ningún rey tenía una flota permanente, sino que se limitaban a contratar navíos civiles y armarlos. Si los civiles corrían con los gastos –y los riesgos– de las acciones contra el enemigo, ¿por qué no apoyarlos?, y si el rey favorece a unos piratas, ¿por qué no obtener beneficio a cambio?

Esto dio origen a las cartas o patentes de corso. Consistían en una autorización real a un civil para combatir al enemigo y destruir sus propiedades y las de sus aliados allá donde se encontrasen. A cambio de la protección otorgada por la corona, el pirata se comprometía a respetar los barcos, personas y propiedades del país y sus aliados, y a retribuir a la corona con una parte de los ingresos obtenidos por las capturas. Los piratas que combatían con la patente real se llamaron corsarios. Además de puertos amigos, la corona también facilitaba la comercialización de los productos obtenidos en la guerra de corso, barcos capturados incluidos, lo que le garantizaba el cobro de su parte. No todos los corsarios fueron piratas. En los agitados días de las empresas coloniales, había constantes y periódicas guerras, lo que favorecía que los piratas se convirtieran en corsarios, además de obtener el perdón real a condición de combatir al enemigo y pagar su parte al rey. Desgraciadamente, cuando acababa la guerra, como no sabían hacer otra cosa, volvían a sus antiguas costumbres. Era frecuente que dotaciones reclutadas como corsarias para combatir en guerras prolongadas, se pasaran a la piratería una vez finalizado el conflicto, porque no sabían practicar otro oficio.

Gracias a los corsarios, los ingleses obtenían suficientes ingresos para armar sus flotas y ejércitos. Durante las guerras de independencia americana, los rebeldes no tenían flota con la que afrontar a la formidable flota inglesa de más de mil barcos, salvo los corsarios, que infestaron los mares de todo el mundo en busca de barcos británicos, causando gran daño a su comercio, desviando recursos y dificultando los suministros y refuerzos de las tropas expedicionarias.

Lo mismo ocurrió en EE. UU. con los estados del sur durante la Guerra de Secesión, donde los corsarios sudistas adquirieron gran fama y protagonismo.

Era frecuente que a veces los corsarios actuaran contra los piratas pillando los barcos del propio país, unas veces por error y otras para adquirir riquezas o simplemente sobrevivir. En América era frecuente que todos los barcos civiles coloniales llevasen varios salvoconductos falsificados de todas las naciones que pudiesen en un momento estar en guerra contra ellos, y estar previstos para cualquier tipo de eventualidad.

Además, aunque no hubiese guerra

cuando se zarpaba, puede que se declarase al poco tiempo, y en las Indias las noticias tardaban mucho en llegar. Los corsarios que sabían esto, enarbolaban banderas de un país contrario al suyo; si el otro barco presentaba una bandera y un salvoconducto de ese país enemigo, era una presa segura, aunque luego se comprobase que era falso.

El ataque a buques mercantes por otra marina en guerra se denomina "guerra de corso".

La colonización española nunca pudo abarcar la inmensidad de los nuevos territorios conquistados, de modo que era imposible tener presencia en todas las islas del Caribe, sólo se ocuparon las mayores islas, y de manera incompleta, como la isla de la Española que sólo estaba ocupada en su mitad sur.

Por otra parte, las duras condiciones impuestas por Felipe II al comercio colonial, cuyo monopolio correspondía a Castilla, originó una carestía que fue suplida por los contrabandistas –más tarde corsarios, como Francis Drake–, quienes adquirirían productos del nuevo mundo y proporcionaban a los colonos herramientas y telas más baratas que el precio oficial. Con el paso del tiempo, estos

contrabandistas se asentaron en las islas no ocupadas por los españoles, a los que se unieron fugitivos de otras colonias, restos de colonias fallidas, aventureros y otras gentes que por diversas causas se vieron obligados a vivir en el Caribe. Mientras esto ocurría, sin depredadores que limitasen su número, los animales asilvestrados huidos, o de granjas abandonadas, se reproducían en las zonas despobladas, de forma que había abundante comida a disposición de quien pudiese cazarla. Como necesitaban proveerse de herramientas, telas, armas y pólvora, comerciaban con la carne que cazaban y que vendían de contrabando o mayormente a corsarios piratas y contrabandistas para proveer a sus barcos.

De ahí viene la palabra bucanero, que deriva de la palabra araucana "buccan" que representa a una parrilla de madera verde sobre la que se ahumaba a fuego lento la carne de vacas y cerdos salvajes. La caza era la principal actividad del bucanero. Para ello estaba equipado con un potente mosquete, un par de cuchillos largos, una espada de doble filo y un cinturón que corría en diagonal a lo largo de su pecho; integraba el conjunto de sus ropas una camisa de lino y un pantalón de lona o tela fuerte y gruesa que nunca lavaban, y que al acumular la sangre, grasas y otros desperdicios, era tan impermeable como el hule. Esto era lo que heredaba el compañero de un bucanero a la muerte de su amigo, pues al no haber mujeres, el matrimonio se sustituía por la camaradería.

No tenían morada fija, vivían en el campo, y se reunían para cazar, y cuando sentían la llamada del mar, enviaban mensajeros a lo largo de la costa, en embarcaciones que ellos mismos construían para viajar, contrabandear o realizar expediciones

piratas. Los beneficios se los gastaban en bebida obtenida de los barcos a los que proveían, generalmente brandy, que bebían como los españoles el agua.

A medida que se hacían más intrépidos y numerosos, empezaron a llamarse la "Hermandad de la Costa", término acuñado hacia el 1640, que refleja la unidad con la que se veían a sí mismos, aliados contra el enemigo común –los españoles–.

Con el tiempo, su refugio favorito fue la isla de la Tortuga, al noroeste de La Española, fácilmente defendible debido a la fortificación que domina la isla, y que los españoles sólo pudieron tomar una vez para abandonar en seguida. Desde aquí podían plantarse fácilmente en cualquier punto del Caribe, o esperar el paso de los barcos españoles.

Antes de finalizar el siglo, la isla de la Tortuga fue sustituida por Port Royal, en Jamaica, de la que un día fue gobernador un famoso bucanero, Sir Henry Morgan.

Por este tiempo, los tenaces bucaneros eran feroces, oportunistas como lobos y crueles hasta la barbarie. Para finalizar, vamos a contar la historia del bucanero que despertó la codicia y sueños de los desheredados de Europa atrayendo a un verdadero aluvión de aventureros en busca de fortunas fáciles.

Pierre le Grand, era un jefe bucanero que había salido al mar en busca de presas. Sin embargo, la suerte no lo

acompañaba, y después de varios intentos fallidos y muchos días de mar, todos estaban cansados y deseosos de abandonar la aventura. Así estaban cuando una tarde de 1630 avistaron un galeón español, y decidieron atacarlo. Cuando desde el galeón avistaron la embarcación de los piratas, se dio aviso al capitán, quien al ver la embarcación de los piratas reprendió seriamente a los guardias por haberle molestado por una tontería: ¿qué podía hacer un pequeño navío de menos de 30 toneladas contra un hermoso galeón que desplazaba más de 10 veces ese peso? Y se retiró dando orden de que nadie le molestase.

Los tripulantes del lanchón pirata remaron hasta el anochecer, complementando con su fuerza el impulso de las velas. Al caer la noche se situaron debajo de la proa del galeón y se dispusieron al abordaje. Antes de hacerlo, el bucanero y sus 28 hombres juraron vencer o morir. Abrieron una vía de agua en su embarcación para imposibilitar la huida. Unos se dirigieron a la sala de armas del galeón apoderándose de todo el armamento portátil, aniquilando a los pocos españoles que se encontraron en el camino. Otros fueron hasta el camarote del capitán, donde estaba jugando a las cartas con los oficiales.

Quedaron tan sorprendidos por la irrupción de los piratas que alguien gritó con asombro "¡Bendito sea Dios! ¿Son demonios?"

Le Grand consiguió un botín que los cronistas de aquel tiempo calificaron de magnífico. No se sabe mucho más de él, pero parece que después de repartir el botín la mayoría regresó a su país de origen, donde vivió en la opulencia, difundiendo historias de las riquezas del nuevo mundo y la facilidad con que un puñado de hombres intrépidos y valientes eran capaces de apoderarse de tesoros fabulosos.

Fuente: "Bucaneros, corsarios: piratas al servicio del rey", artículo de Internet adaptado.

Otro cálculo de velocidad lectora

Habitualmente los textos no consignan la cantidad de palabras que tienen. Para poder hacer el cálculo de una página cualquiera, se procede así:

Cada uno de los ejercicios propuestos debe repetirse con otros textos durante por lo menos una semana.

▶ Cuenta las palabras de los primeros diez renglones, anotando renglón por renglón. Por ejemplo, renglón 1, 12; renglón 2, 14; renglón 3, 12, etcétera. Luego saca el promedio: si dio que en diez renglones hay 124 palabras, se calcula dividiendo 124 por 10. El resultado sería 12 palabras por línea.

▶ Cuenta cuántas líneas tiene cada página, contando por lo menos 3 páginas para hacer el promedio. Se entiende que deben ser páginas completas.

▶ Al final, haces el cálculo. Por ejemplo: 11 páginas de 40 renglones = 5280 palabras, pues cada página tiene 480 palabras, que multiplicadas por 11 da 5280.

Si no deseas hacer tantos cálculos, toma un cronómetro y lee durante un minuto sin parar. Luego cuenta las palabras de cada renglón (el promedio, como se indicó más arriba) y multiplica por la cantidad de renglones leídos.

Técnica de las tres páginas

Una de las maneras de aumentar la velocidad lectora es la técnica de las tres páginas. Las mismas deben leerse de la siguiente manera:

▶ La primera página la lees a la velocidad normal.

▶ La segunda página la leerás a la mayor velocidad posible, sin preocuparte por si entiendes o no, pero no omitas ninguna palabra o ninguna línea.

▶ La tercera página la leerás lo más rápido posible, pero tratando de entender los conceptos.

Aumentando el golpe de vista

Ésta es otra técnica introductoria a la lectura veloz. Se trata de leer un texto de manera rápida, pero prestando más atención a la primera y a la última palabra de cada línea.

Concentrarse para lograr captar bloques de palabras

Ésta es quizá la parte más ardua del aprendizaje de lectura veloz. De ahí la insistencia en esta tarea.

Al practicar, debes eliminar distracciones. Las condiciones ambientales deben ser óptimas en cuanto a la luz, la mesa, aislación de ruidos exteriores, etcétera.

Para aumentar la concentración, hay distintos métodos que requieren de una práctica constante.

Lecturas constructivas

Muchas veces perdemos tiempo leyendo cosas que no aportan nada a nuestro espíritu ni son utilitarias. No necesitamos leer todo lo que está a nuestro alcance. ¿Acaso leemos todos los artículos de una revista, cada anuncio publicitario del diario? Hay que aprender a seleccionar.

Todo aquello que no cumpla una finalidad específica debe ser eliminado. ¿Realmente te importan tanto los vaivenes sentimentales de una actriz en ascenso? ¿Por qué no emplear ese tiempo en otro tipo de lectura? Dirás "Pero leer eso me distrae". Bien, hay libros que "distraen" y que al menos dejan algo más, o están bellamente escritos. Con el dinero que gastas comprando revistas "de actualidad" puedes adquirir

El cuidado para erradicar malos hábitos

Ya hemos visto que tenemos malos hábitos, y ha llegado el momento de esforzarnos cada vez más para erradicarlos. En caso de que todavía persista alguno, quizá estos datos sirvan para intentar superarte: cuando dejas de vocalizar al leer (o sea murmurar mientras lees), aumentas en un 60 % la velocidad. El sólo hecho de emplear otro sentido (el oído) aparte del sentido de la vista, además de retardarte entorpece la comprensión.
El ojo es muy rápido, y si practicas asiduamente puede ser capaz de captar hasta siete palabras de un solo golpe de vista. Cuando te acostumbras a leer captando varias palabras a la vez, el tiempo de lectura se reduce en más de un tercio.
Otro mal hábito a combatir es leer los bloques de palabras ya pasadas.
Al principio, la práctica de leer por bloques o leer las dos primeras y las dos últimas palabras con más atención, puede resultar cansador, pero vale la pena abandonar la lectura palabra por palabra. Con el método habitual de lectura, se demora un cuarto de segundo por palabra. Si aprendes a leer por bloques, demoras un cuarto de segundo... para cuatro, cinco, hasta siete palabras por vez.

Si aprendemos a leer por bloques de palabras, el tiempo de lectura se reduce en más de un tercio.

excelentes libros, divertidos y amenos, que te brindarán mucho más que la frívola vida privada de personas momentáneamente famosas.

Acá hay algunas sugerencias, divididas por edades.

Lecturas recomendadas

Para los que cursan escuela primaria

El hábito de la lectura permite aprovechar el tiempo libre de una manera fructífera.

- *Cuentos de la selva,* de Horacio Quiroga.
- *Páginas escogidas,* de José Martí.
- *Las más divertidas historias,* de Mark Twain.
- *El fantasma de Canterville,* de Oscar Wilde.
- *La llamada de la selva,* de Jack London.
- *Cuentos por teléfono,* de Gianni Rodari.
- *Cuentos para jugar,* de Gianni Rodari.

Para los que cursan escuela secundaria

- *Bestiario*, de Juan José Arreola.
- *La oveja negra y otras fábula*s, de Augusto Monterroso.
- *Crónicas marcianas,* de Ray Bradbury.
- *Mi admirador secreto,* de Carol Ellis.
- *Cuentos breves latinoamericanos*, antología.
- *Cuentos de espantos y aparecidos*, antología.

Para los adultos

Según los intereses individuales, hay libros para todos los gustos. Lo mejor es asesorarse con un buen librero o consultar en una biblioteca.

Un buen lector se hace leyendo mucho. Para los que no tienen este fascinante hábito, es aconsejable comenzar con cuentos breves, para luego pasar a lecturas más largas, como novelas o libros de ensayos.

El consejo

Dijo Goethe: "La gente sencilla no sabe el tiempo y el esfuerzo que cuesta aprender a leer. Yo he necesitado 80 años, y no estoy seguro de haberlo conseguido plenamente".

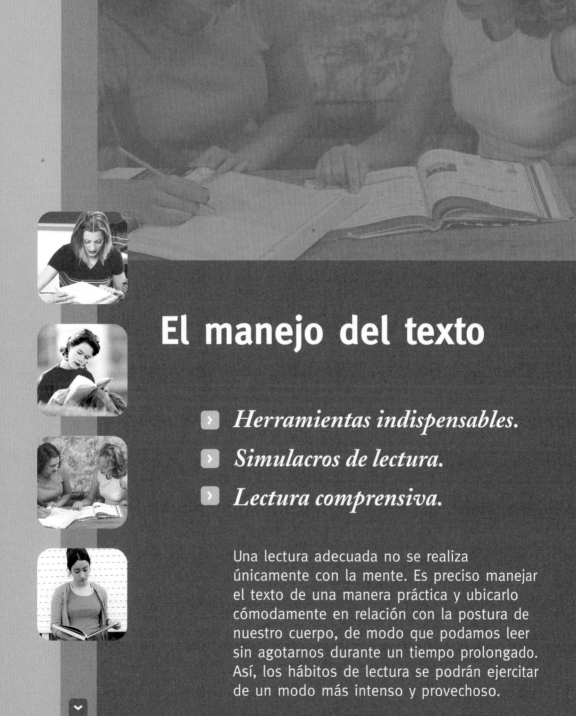

El manejo del texto

- › *Herramientas indispensables.*
- › *Simulacros de lectura.*
- › *Lectura comprensiva.*

Una lectura adecuada no se realiza únicamente con la mente. Es preciso manejar el texto de una manera práctica y ubicarlo cómodamente en relación con la postura de nuestro cuerpo, de modo que podamos leer sin agotarnos durante un tiempo prolongado. Así, los hábitos de lectura se podrán ejercitar de un modo más intenso y provechoso.

Las herramientas de la velocidad
Nuevas estrategias

Los movimientos suaves y eficaces de los ojos contribuyen a mejorar la capacidad de leer más velozmente. En este capítulo encontrarás varias herramientas que intensificarán tu velocidad lectora.

Una "herramienta" insustituible: la mano

La mejor herramienta para leer más rápido es el dedo índice usado como puntero.

La herramienta más económica para lograr leer más rápido es la mano, usando el dedo índice a modo de puntero que marque el ritmo de lectura del texto.

Al recorrer con el dedo la línea que estamos leyendo, impondremos la velocidad que necesitamos según se trate de una lectura de entretenimiento, una de repaso, una lectura analítica, etcétera.

El objetivo de esta técnica es evitar que los ojos salten a otra línea o vuelvan hacia atrás, es decir que con esto anularemos regresiones.

La otra ventaja de seguir un texto con el dedo índice como puntero es que al concentrar allí la mirada se amplía la cantidad de palabras de cada fijación, es decir que abarcamos más palabras en el "golpe de vista".

También se aumenta la concentración y se disminuyen los movimientos sacádicos, pues el ritmo de nuestro dedo es constante.

A casi todas las personas les ocurre que cuando llegan al final del renglón, muchas veces se "pierden" y vacilan por dónde seguir leyendo. Con el dedo como puntero esto se elimina definitivamente.

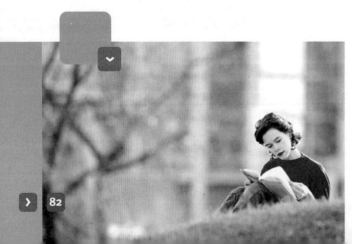

Puedes verificar el movimiento a saltos de los ojos con la ayuda de un amigo. Pídele que siga con los ojos un círculo imaginario de unos dos metros de diámetro. El recorrido de sus ojos se parecerá a esto:

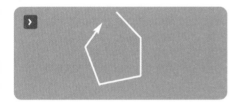

Luego le pides a tu amigo que siga con la vista tu dedo índice. Trazas con él un círculo de unos dos metros de diámetro. Mientras lo haces, observa la dirección del recorrido de sus ojos. Seguramente hará un círculo.

Preparando el libro para leer más rápido

Muchos libros, especialmente los que tienen tapas duras, parecen tener resistencia a abrirse por completo, lo que sin dudas será una dificultad si quieres leer siguiendo las líneas con el dedo índice.

A continuación se explica cómo hacer para que los libros se puedan abrir completamente. Este método no destroza los libros, sino que por el contrario los protege de futuros deterioros, ya que el lomo se va flexionando de una manera uniforme y esto evita que luego se le desprendan las hojas.

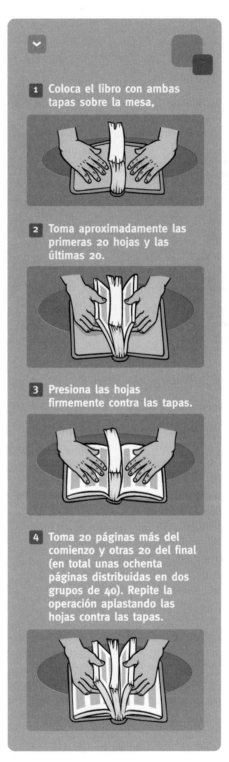

1 Coloca el libro con ambas tapas sobre la mesa,

2 Toma aproximadamente las primeras 20 hojas y las últimas 20.

3 Presiona las hojas firmemente contra las tapas.

4 Toma 20 páginas más del comienzo y otras 20 del final (en total unas ochenta páginas distribuidas en dos grupos de 40). Repite la operación aplastando las hojas contra las tapas.

Asegúrate de preparar todos los libros cuando necesites estudiar intensamente.

Para evitar mover la muñeca, debes sacar los antebrazos de la mesa. La manera más fácil de hacerlo es acercando más el libro al cuerpo.

Simulacros de lectura

Leer es comprender, de modo que este ejercicio será como un simulacro de lectura que servirá para ir entrenando a la mente poco a poco.

Leer de este modo se parece de alguna manera a viajar en automóvil por una carretera. Cuando sales de la ciudad e ingresas a una autopista, la primera impresión es que todos los vehículos van *muy* rápido.

Al poco tiempo te acostumbras a la velocidad y hasta crees que vas más despacio de lo que en realidad vas.

Al salir de la autopista, cuando vuelves a ingresar a una ciudad, te parece que vas a paso de tortuga. Esto ocurre porque el

Hay que cuidar las muñecas

Como las muñecas son más frágiles que los codos, procura que sigan el mismo movimiento que el antebrazo, usando la articulación del codo.

La articulación de la muñeca es sumamente delicada, al punto que determinados movimientos repetidos pueden ocasionar la aparición de *gangliones*, que son como bultos blandos sumamente dolorosos. Si cuando aparece un ganglión se siguen ejercitando los mismos movimientos que lo ocasionaron, se puede terminar necesitando una operación quirúrgica, simple, pero que interrumpirá por varios días las actividades. Así pues, para evitar forzar las muñecas, cuando pases el dedo por las líneas de la página debes dejar que la muñeca siga el mismo movimiento que el antebrazo. Lo que hay que hacer es mover el antebrazo "en bloque", desde el codo.

Cómo cronometrar el tiempo sin cronómetro

Si no tienes un cronómetro, tendrás dudas y te preguntarás: "¿a qué velocidad estaré leyendo?"
Para solucionar la falta de un cronómetro, nada mejor que recurrir a un niño que sepa leer la hora.
Al niño le encanta poder dar órdenes a los mayores, por lo tanto hay que darle un reloj con segundero y explicarle que debe dar dos órdenes:

> "Ya", para empezar a leer y

> "Alto", para dejar de leer, o sea al minuto exacto.

¿No hay niños para controlar? Bien, hay otro recurso. Busca un grabador y un reloj con segundero. Enciende el grabador y graba la palabra "Comienzo" (u otra para empezar).
Deja correr la cinta sin grabar nada, y al llegar al minuto graba la palabra "Alto".
Luego, al empezar a leer, pones en marcha el grabador y tu propia voz te indicará el comienzo y el fin.

cerebro se adapta a los diferentes ritmos con gran facilidad. Por lo tanto, debes practicar lectura veloz con textos que no necesites *realmente* comprender. Pueden ser revistas banales, o cualquier texto que no requiera que lo comprendas.

Recuerda que es un *simulacro*.

La progresión constatada de los efectos de los simulacros de lectura implica atravesar estas etapas:

◻ Al principio se ve borrosamente, como si se "volara" sobre las palabras.

◻ Luego se leen palabras aisladas.

◻ En la tercera etapa se pueden leer frases cortas.

◻ De las frases cortas se pasa a la comprensión de ideas generales.

◻ Finalmente se logra comprender el texto.

Debes practicar la lectura todos los días, siguiéndola con el dedo índice.

Generalidades en los comienzos de la lectura veloz

Quienes intentan leer más rápido, al principio pueden tener dudas. Esto suele ocurrir con las personas a quienes en la escuela se los ha regañado cuando marcaban los renglones con el dedo.

Mover la mano en S

Anotar las palabras que se recuerdan sirve para comprobar los progresos en los simulacros de lectura.

Otro movimiento de la mano que ayudará a aumentar la velocidad de lectura es el de la S.

Es apropiado para simulacros de lectura y para leer columnas de periódicos y artículos sencillos de revistas. No debe considerarse que aumenta la comprensión, salvo que se haga con el ritmo apropiado para cada tipo de lectura. Se trata de comenzar a recorrer las líneas con curvas semejantes a varias eses por página. El objetivo de hacerlo es ir cubriendo más palabras por minuto con menos movimientos de la mano.

Las dificultades más habituales

Saltear una línea al intentar hacer una lectura comprensiva

Esto ocurre porque estamos más preocupados por cómo lo hacemos, o sea que prestamos demasiada atención al movimiento de los ojos. Con la práctica, este problema desaparece.

Recordar sólo dos o tres palabras

Si aumentas la velocidad, es normal que al principio, al intentar anotar algunas palabras, sólo recuerdes dos o tres. Hay que insistir porque de a poco recordarás más.

¿Cuánto tiempo hay que practicar los ejercicios?

Lo ideal es practicar la lectura con el dedo como puntero y la prelectura con movimientos en S por lo menos una semana, todos los días. Con leer cómo se realizan los ejercicios no alcanza.

La práctica se hará todos los días, en sesiones de 50 minutos. Si no dispones de 50 minutos corridos, puedes dividir en dos prácticas de media hora. Menos tiempo por día alargará los progresos.

Para no perder la motivación, anota en el cuaderno las palabras que lees por minuto de cada uno de los ejercicios, fechándolas.
Al término de cada sesión de práctica debes anotar las palabras que recuerdas.

Al principio parecerá una lista de compras para el supermercado. El objetivo de anotar es ir constatando los progresos, porque seguramente irás anotando más palabras cada vez. Además, el hecho de saber que debes escribir algo te hará prestar más atención, auto exigirte.

Buscar recordar palabras sueltas

Algunas personas se autoengañan, y en lugar de tratar de leer más rápidamente las líneas, buscan palabras para anotar. Deben pensar lo siguiente: al retener intencionalmente –con un esfuerzo extra– una palabra, hay una disociación y no se leen las otras. Y suele ocurrir que, al buscar la segunda palabra para anotar... se olvide la primera.

Dolores en el brazo

Esto ocurre porque la mayoría de la gente no sabe cómo relajarse. Se trata de dejar el cuerpo flojo y la mente atenta. Quizá, en este preciso instante tengas los hombros algo alzados o echados hacia delante, la frente arrugada, las mandíbulas apretadas. Toma conciencia de ello y afloja todos tus músculos. ¡Hay que relajarse ya!

No poder entender nada

Es normal al principio, pero si te preocupas por eso, te pondrás tenso, y la tensión atenta contra la comprensión. Cambiar un hábito de toda la vida lleva su tiempo.

Adquirir una lectura veloz lleva tiempo.

Discontinuar la práctica

En este mismo momento, estas líneas deben leerse siguiéndolas con el dedo como puntero, a la velocidad que permita su comprensión. Debe practicarse con todo lo que se lea.

Quedar a mitad de camino

Pasar páginas con movimientos de S es útil para la prelectura. Algunas personas sienten que ya no pueden leer ni de la manera antigua ni de la manera nueva. Cambiar les produce una "parálisis" a mucha gente, pero esa parálisis es momentánea. Hay que esforzarse y... practicar.

Oscurecimiento de la página

Con la práctica de la prelectura en S, a veces parece que la parte inferior de la página se oscurece. Es un buen síntoma, pues indica que enfocas de otra manera.

Velocidades irregulares

La cantidad de palabras por minuto depende de si practicas cansado o descansado, relajado o tenso. De todos modos, es normal.

No recordar nada para escribir

Para poder recordar, debes comprender mientras lees. También se puede tener buena comprensión y mala atención. En tal caso, vuelve a los ejercicios de concentración y memorización.

Consejos para la prelectura en S

No se trata de empezar a leer comenzando por la última palabra de una línea, sino de acostumbrarse a seguir con los ojos el dedo índice. Si se siente mucha incomodidad, se puede comenzar desde la izquierda, es decir, haciendo la forma de la S invertida.

No hay que estar pendiente del movimiento de los ojos, sino de intentar comprender algo. Si se han hecho todos los ejercicios propuestos, no se estará pendiente ni de los ojos ni del dedo, sino del texto.

Si al pasar la mano con movimientos en S se tiene la sensación de que las páginas se transforman en borrosas, pensar que se está haciendo un enorme

cambio en los hábitos de lectura, y que todo cambio requiere práctica y tiempo.

Hay que practicar cuando se está descansado. Hacerlo con cansancio o premura puede incidir en los resultados.

Si se pierde motivación por la cantidad de ejercicios, pensar que el tiempo que invertimos ahora será un tesoro a disfrutar, pues aumentará la velocidad de lectura, duplicándola o triplicándola.

Si se cae en una "meseta", esto es normal. Una meseta es cuando nos estacionamos en la misma cantidad de palabras por minuto por un tiempo. Esto suele ocurrir, y pronto se saldrá de la meseta.

Lectura comprensiva

Antes de iniciar la práctica siguiente, debes completar las prácticas anteriores. Lo ideal es hacerlo durante una semana por lo menos.

Para la siguiente lectura, antes de empezar, haz lo siguiente:

- Prepara un reloj y ten un cuaderno a mano.

- Revisa mentalmente tu cuerpo ¿Hay alguna parte tensa? ¿Están relajados los hombros? ¿Están apretados los dientes? ¿El rostro está tenso? A medida que repasas tu cuerpo, de la cabeza a los pies, procura ir aflojándote.

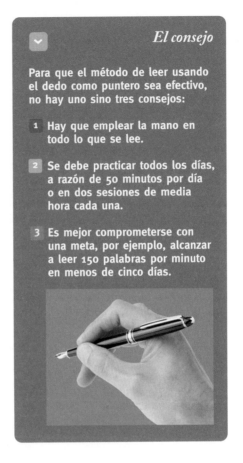

El consejo

Para que el método de leer usando el dedo como puntero sea efectivo, no hay uno sino tres consejos:

1. Hay que emplear la mano en todo lo que se lee.

2. Se debe practicar todos los días, a razón de 50 minutos por día o en dos sesiones de media hora cada una.

3. Es mejor comprometerse con una meta, por ejemplo, alcanzar a leer 150 palabras por minuto en menos de cinco días.

Ejercicios de lectura comprensiva

Al finalizar la lectura contestarás algunas preguntas que figuran al pie.

El fantasma de la monja

Trata de leer con rapidez el texto para probar tus capacidades.

Durante muchos años y según consta en las actas del muy antiguo convento de la Concepción, que hoy se localizaría en la esquina de Santa María la Redonda y Belisario Domínguez, las monjas enclaustradas en tan lóbrega institución, vinieron sufriendo la presencia de una blanca y espantable figura que en su hábito de monja de esa orden, veían colgada de uno de los arbolitos de durazno que en ese entonces existían.

Cada vez que alguna de las novicias o profesas tenían que salir a alguna misión nocturna y cruzaban el patio y jardines de las celdas interiores, no resistían la tentación de mirarse en las cristalinas aguas de la fuente que había en el centro, y entonces ocurría aquello. Tras ellas, balanceándose al soplo ligero de la brisa nocturna, veían a aquella novicia pendiente de una soga, con sus ojos salidos de las órbitas, sus manos juntas y sus pies con las puntas de las chinelas apuntando hacia abajo.

Las monjas huían despavoridas clamando a Dios y a las superioras, y cuando llegaba ya la abadesa o la madre tornera que era la más vieja y la más osada, ya aquella horrible visión se había esfumado.

Así, noche a noche y monja tras monja, el fantasma de la novicia colgando del duraznero fue motivo de espanto durante muchos años y de nada valieron rezos ni misas ni duras penitencias para que la visión macabra se alejara de la santa casa, llegando a decir en ese entonces, en que aún no se hablaba ni se estudiaban estas cosas, que todo era una visión colectiva, un caso típico de histerismo provocado por el obligado encierro de las religiosas.

Mas una cruel verdad se ocultaba en la fantasmal aparición de aquella monja ahorcada, colgada del duraznero, y se remontaba a muchos años antes, pues debe tenerse en cuenta que el Convento de la Concepción fue el primero en ser construido en la Capital de la Nueva España (apenas 22 años después de consumada la Conquista), y por lo tanto el primero en recibir como novicias a hijas, familiares y conocidas de los conquistadores españoles.

Vivían en ese entonces, en la esquina que hoy serían las calles de Argentina y Guatemala, los hermanos Ávila, que eran Gil, Alfonso y doña María, a la que por oscuros motivos se inscribió en la historia como doña María de Alvarado.

Pues bien, esta doña María que era bonita y de gran prestancia, se enamoró de un tal Arrutia, mestizo de humilde cuna y de incierto origen, quien viendo el profundo enamoramiento que había provocado en doña María trató de convertirla en su esposa para así ganar mujer, fortuna y linaje.

A tales amoríos se opusieron los hermanos Ávila, sobre todo el llamado Alonso de Ávila, quien llamando una tarde al irrespetuoso y altanero mestizo, le prohibió que anduviese en amoríos con su hermana.

—Nada podéis hacer si ella me ama —dijo cínicamente el tal Arrutia—, pues el corazón de vuestra hermana ha tiempo es mío; podéis oponeros cuanto queráis, que nada lograréis.

Molesto don Alonso de Ávila se fue a su casa de la esquina antes dicha y habló con su hermano Gil, a quien le contó lo sucedido. Gil pensó en matar en un duelo al bellaco que se enfrentaba a ellos, pero don Alonso, pensando mejor las cosas, dijo que el tal sujeto era un mestizo despreciable que no podría medirse a espada contra ninguno de los dos y que mejor sería que le dieran un escarmiento.

Pensando mejor las cosas decidieron reunir un buen monto de dinero y se lo ofrecieron al mestizo para que se largara para siempre de la capital de la Nueva España.

Cuéntase que el mestizo aceptó y sin decir adiós a la mujer que había llegado a amarlo tan intensamente, se fue a Veracruz y de allí a otros lugares, dejando transcurrir dos años, tiempo durante el cual, la desdichada doña María Alvarado sufría, padecía, lloraba y gemía como una sombra por la casa solariega de los hermanos Ávila, sus hermanos según dice la historia. Finalmente, viendo tanto sufrir y llorar a la querida hermana, Gil y Alonso decidieron convencer a doña María para que entrara de novicia a un convento. Escogieron al de la Concepción y tras de reunir otra fuerte suma como dote, la fueron a enclaustrar diciéndole que el mestizo motivo de su amor y de sus cuitas jamás regresaría a su lado, pues sabían de buena fuente que había muerto.

Sin mucha voluntad, doña María entró como novicia al citado convento, en donde comenzó a llevar la triste vida claustral, aunque sin dejar de llorar su pena de amor, recordando al mestizo Arrutia entre rezos, ángelus y maitines. Por las noches, en la soledad tremenda de su celda se olvidaba de su amor a Dios, de su fe y de todo y sólo pensaba en aquel mestizo.

Al fin, una noche, no pudiendo resistir más esa pasión, decidió matarse ante el silencio del amado, de cuyo regreso llegó a saber, pues el mestizo había vuelto a pedir más dinero a los hermanos Ávila.

Cogió un cordón y lo trenzó con otro para hacerlo más fuerte, a pesar de que su cuerpo a causa de la pasión y los ayunos se había hecho frágil y pálido. Se hincó ante el crucificado, a quien pidió perdón por no poder llegar a desposarse al profesar, y se fue a la huerta del convento y a la fuente.

Ató la cuerda a una de las ramas del duraznero y volvió a rezar pidiendo perdón a Dios por lo que iba a hacer y al amado mestizo por abandonarlo en este mundo.

Se lanzó hacia abajo.... Sus pies golpearon el brocal de la fuente.

Y allí quedó balanceándose como un péndulo blanco, frágil, movido por el viento.

Al día siguiente la madre portera que fue a revisar los gruesos picaportes y herrajes de la puerta del convento, la vio colgando, muerta.

El cuerpo ya tieso de María de Alvarado fue bajado y sepultado ese misma tarde en el cementerio interior del convento y allí pareció terminar aquel drama amoroso.

Sin embargo, un mes después, una de las novicias vio la horrible aparición reflejada en las aguas de la fuente. A esta aparición siguieron otras, hasta que las superioras prohibieron la salida de las monjas a la huerta después de puesto el sol.

Fuente:
Leyendas mexicanas de antes y después de la Conquista, *recopiladas por Carlos Franco Sodja (adaptación).*

Cantidad de palabras: 1107
Palabras por minuto: ....

1. ¿En qué convento apareció el fantasma?
2. ¿En qué circunstancias aparecía?
3. ¿Qué pasaba si salía una superiora a ver el fenómeno del que hablaban?
4. ¿Qué explicación se daba a los hechos?
5. ¿Qué propósitos tenía el mestizo?
6. ¿Qué hicieron los hermanos Ávila con el mestizo?
7. ¿Qué hicieron con doña María?
8. ¿Por qué se suicidó doña María?

Una historia tan interesante como la fundación de Roma, puede ser un buen punto de partida para tus lecturas.

La leyenda de Rómulo y Remo

Eneas, un príncipe troyano, llegó al Lacio luego de la guerra.

Uno de sus descendientes fundó la ciudad de Alba.

Algunos siglos más tarde, uno de los reyes de esa ciudad, Numitor, fue destronado por su hermano Amulio. Para garantizar su seguridad, el usurpador ordenó matar a todos los hijos varones de su hermano y, para impedir que su única sobrina, Rea Silvia, tuviera descendencia, la obligó a hacerse sacerdotisa (virgen vestal). Sin embargo, Rea Silvia tuvo dos hijos gemelos, Rómulo y Remo, con Marte, dios de la guerra.

El rey ordenó que los gemelos fueran arrojados al Tíber, pero la canasta en la que habían sido dejados quedó varada en la orilla, en la zona del monte Palatino.

Una loba sedienta los descubrió y los amamantó. Allí los encontró un pastor, que los llevó a su choza, donde él y su mujer los criaron como hijos propios.

Cuando fueron mayores conocieron su verdadera identidad, repusieron a su abuelo en el trono de Alba, y Numitor les concedió como recompensa fundar una ciudad nueva (Roma) en la zona donde habían sido encontrados por el pastor.

A Rómulo le tocó trazar los límites de la ciudad y ordenó que nadie los traspasara. Remo no obedeció a su hermano y éste lo asesinó.

Latinos y sabinos

Según la leyenda, los primeros habitantes de Roma (latinos) fueron hombres. Para conseguir mujeres, Rómulo invitó a una fiesta a sus vecinos sabinos, que fueron con sus esposas e hijas.

Al final de la fiesta, los romanos raptaron a las sabinas.

Los sabinos se prepararon para la guerra; sin embargo, las sabinas mediaron para evitarla.

Finalmente, romanos y sabinos decidieron unirse.

Loba capitolina amamantando a los gemelos Rómulo y Remo.

Cantidad de palabras: 274
Palabras por minuto: ....

1. ¿Quién era Eneas?
2. ¿Quién fundó la ciudad de Alba?
3. ¿Quiénes eran Numitor y Amulio?
4. ¿Qué medidas tomó Amulio para garantizar su seguridad?
5. ¿Quiénes eran Rómulo y Remo?
6. ¿Qué hizo, según la leyenda, la loba que descubrió a los gemelos?
7. ¿Qué ciudad fundaron los gemelos?
8. ¿Quién trazó los límites de la nueva ciudad?
9. ¿Por qué Rómulo mató a Remo?
10. ¿Quiénes eran los latinos, y quiénes los sabinos?

Estrategias de comprensión

> **›** *Leer es aprender.*
> **›** *La importancia del contexto.*
> **›** *Las obras literarias.*

Si bien es importante la técnica que aplicamos al leer y recordar una obra, el proceso de lectura demanda una postura activa a quien lo realiza. No se trata de aceptar de manera neutral los argumentos a los que nos enfrentamos, sino que implica debatir, analizar e interrogar los nuevos contenidos que el texto nos propone.

Leer es aprender
Ampliar los conocimientos

Leer es siempre aprender. Conocer algunos procesos que llevan a la lectura experta puede ayudar a superar dificultades de comprensión y retención lectora.

La transmisión de conocimientos

Lo que aprendes por radio, televisión o Internet, es más efímero que lo que aprendes en un libro.

En los últimos quince o veinte años, con la revolución electrónica, se ha producido un cambio importante en el modo de formar los conocimientos. No es la primera vez en la historia que ocurre esto. Pero en los últimos años conocemos gran cantidad de cosas porque las vimos en televisión o en Internet, o las escuchamos por radio. Los investigadores afirman que estos conocimientos tienen efectos menos profundos y que suelen estar desorganizados. Esto quiere decir que si no realizamos lecturas comprensivas estaremos degradando cualitativamente el saber.

La visión alfabética

Se trata de la modalidad de visión que permite adquirir conocimientos a partir de una serie lineal de símbolos visuales, ordenados unos detrás de otros. Esta visión se desarrolló a partir de la escritura y definió la inteligencia secuencial, que es la que opera en una sucesión de estímulos.

La inteligencia simultánea se basa en imágenes y sonidos en los que varios estímulos se presentan al mismo tiempo. Es lo que ocurre cuando vemos un filme o miramos televisión y, según la página, puede darse cuando

buscamos alguna información en Internet y ésta trae imágenes, texto y sonido. Se supone que la inteligencia secuencial es más evolucionada que la simultánea, puesto que debe ser educada y entrenada y es la base de distintas formas de la actividad mental, que pueden ser muy complejas. Ningún niño necesita que le enseñen a mirar y comprender un programa de televisión o un dibujo, pero sí requieren enseñanza y práctica para aprender a leer y comprender lo que leen.

Los medios de información se han desarrollado a un ritmo vertiginoso. Esto exige un riguroso criterio selectivo.

En los últimos años recibimos una enorme cantidad de estímulos visuales y auditivos, los que hacen perder la importancia de la visión alfabética y la inteligencia secuencial.

¿La televisión es enemiga de los libros?

La lectura está en decadencia desde hace varios años, y muchos señalan que su principal adversario es la televisión.

En su libro *Homo videns*, el autor Giovanni Sartori afirma que el aumento del consumo de televisión causa un empobrecimiento de la capacidad de entender, dado que "la televisión produce imágenes y anula conceptos, y de este modo atrofia nuestra capacidad de abstracción y de entender".

La inteligencia simultánea, asociada al video, se caracteriza por la capacidad de tratar al mismo tiempo diferentes informaciones, sin establecer entre ellas un orden, una sucesión. La inteligencia secuencial se aplica a la lectura y escritura: dos mensajes no pueden ocupar el mismo lugar, se tiene que proceder con pasos consecutivos, uno después de otro.

Algunas diferencias en estos tipos de inteligencia son las siguientes:

Ritmo

En la lectura, debemos seguir un ritmo que siempre es individual. Cuando miramos televisión, el ritmo nos lo da la pantalla, obligándonos a seguir el ritmo que nos proponen.

Corregibilidad

Cuando leemos podemos detenernos en cualquier momento

Cómo leer y recordar texto breves

Cuando hay que leer comprensivamente un texto breve, sin que ello signifique hacer un acopio de información memorística (ya vimos que memorizar sin comprender no sirve), debemos realizar algunos pasos:

1 **Reconocimiento y contextualización del tema**
Se trata de reconocer el material. ¿Es parte de un libro? ¿Es el inicio de un tema o se agota en sí mismo?

2 **Lectura global rápida del texto**
Esta lectura es para intentar reconocer de qué trata el texto. Puede emplearse el método de leer usando el dedo índice como puntero, el método de la tarjeta, etcétera (ver más adelante).

3 **Lectura comprensiva**
Es el momento de comprender el tema. La lectura aquí será más lenta y se usará el diccionario para aclarar los términos desconocidos. Luego se dividirá el texto en subtemas (los párrafos y los subtítulos ayudan a ubicarlos). Sigue el subrayado de ideas principales. Se observa –si las hay– las fotos, ilustraciones, mapas, gráficos, y luego se procede a hacer un interrogatorio al texto.

para averiguar qué quiere decir una palabra, repensar una frase o para comprobar si hemos entendido bien lo que leímos. Quien mira televisión no puede hacerlo.

Convivialidad

Esto quiere decir la posibilidad de que convivan distintas experiencias. La lectura es poco convivial, tiene que realizarse en silencio y es una actividad solitaria. En cambio, cuando miramos televisión podemos realizar otras actividades, conversamos, miramos en compañía.

Redundancia

En televisión, lo visual casi siempre se complementa con lo oral. Así, si muestran un río dicen: "Estamos junto a un río". La lectura no es redundante.

Posibilidad de citar

Quien lee un texto puede contarlo, discutir sobre él, analizarlo, etcétera. La televisión no permite tantas acciones intelectuales, puesto que es muy difícil contar todo lo que se ha visto y oído.

Memoria

Cuando leemos comprensivamente, recordamos largo tiempo el contenido de la lectura. Lo que vemos en televisión suele perderse de la memoria al poco tiempo de ser visto.

Método de lectura veloz en Z y en columnas reducidas

El método de lectura en Z sirve para formarse una idea general del texto, no para realizar una lectura comprensiva. Puedes emplearlo cuando debas revisar distintos textos para tener un conocimiento acerca del contenido general de cada uno de ellos.

Método de lectura veloz con tarjeta

Toma una tarjeta o un trozo de cartulina lisos, sin letras ni dibujos, del tamaño aproximado al de una página de un libro. Alcanza con una tarjeta de aproximadamente 18 centímetros por 8. Coloca la tarjeta debajo de la primera línea o renglón de la página, bloqueando el texto que sigue a esa línea. Comienza a leer y, con la mano izquierda, desplaza la tarjeta hacia abajo línea por línea. El movimiento de desplazamiento de la tarjeta debe ser uniforme y continuo. Este método evita perderse al pasar a la línea siguiente y hace aumentar la concentración. Intenta que el desplazamiento de la tarjeta sea más rápido cada vez.

Se trata de leer haciendo movimientos de Z, esto es, lees la primera línea pero al ir a las siguientes, lees en diagonal, suprimiendo las palabras que impiden formar una Z virtual.

Las estrategias de lectura veloz permiten adquirir el hábito de visualizar el texto con una amplitud mayor.

xxxxxxxxxxxxxxxxxxxxxxxxxxxxxxxxxxxx
xxxxxxxxxxxxxxxxxxxxxxxxxxxxxxxxxxxx
xxxxxxxxxxxxxxxxxxxxxxxxxxxxxxxxxxxx
xxxxxxxxxxxxxxxxxxxxxxxxxxxxxxxxxxxx
xxxxxxxxxxxxxxxxxxxxxxxxxxxxxxxxxxxx
xxxxxxxxxxxxxxxxxxxxxxxxxxxxxxxxxxxx

El método de columnas reducidas consiste en leer quitando mentalmente un 25 % a cada lado de los márgenes del texto. Si lo deseas, puedes emplear dos tarjetas para bloquear esas partes. Este método tampoco sirve para realizar una lectura comprensiva, sino solamente para explorar un texto.

Aprender a pensar

En todas las circunstancias de la vida, antes de actuar debemos pensar cuál es la mejor solución.

Sir Ernest Rutherford, presidente de la Sociedad Real Británica y Premio Nobel de Química en 1908, contaba la siguiente anécdota:

"Hace algún tiempo, recibí la llamada de un colega. Estaba a punto de poner un cero a un estudiante por la respuesta que había dado en un problema de física, pese a que éste afirmaba rotundamente que su respuesta era absolutamente acertada. Profesores y estudiantes acordaron pedir arbitraje de alguien imparcial y fui elegido yo.

Leí la pregunta del examen y decía: "Demuestre cómo es posible determinar la altura de un edificio con la ayuda de un barómetro". El estudiante había respondido: "llevo

el barómetro a la azotea del edificio y le ato una cuerda muy larga. Lo descuelgo hasta la base del edificio, marco y mido. La longitud de la cuerda es igual a la longitud del edificio".

Realmente, el estudiante había planteado un serio problema con la resolución del ejercicio, porque había respondido a la pregunta correcta y completamente.

Por otro lado, si se le concedía la máxima puntuación, podría alterar el promedio de su año de estudio, obtener una nota más alta y así certificar su alto nivel en física; pero la respuesta no confirmaba que el estudiante tuviera ese nivel.

Sugerí que se le diera al alumno otra oportunidad. Le concedí seis minutos para que me respondiera la misma pregunta pero esta vez con la advertencia de que en la respuesta debía demostrar sus conociminetos de física.
Habían pasado cinco minutos y el estudiante no había escrito nada. Le pregunté si deseaba marcharse, pero me contestó que tenía muchas respuestas al problema. Su dificultad era elegir la mejor de todas. Me excusé por interrumpirle y le rogué que continuara.

En el minuto que quedaba escribió la siguiente respuesta: "tomo el barómetro y lo lanzo al suelo desde la azotea del edificio, calculo el tiempo de caída con un cronómetro. Después se aplica la fórmula altura = 0,5 por A por T^2. Y así obtenemos la altura del edificio."

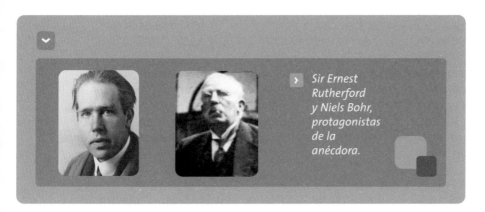

> Sir Ernest Rutherford y Niels Bohr, protagonistas de la anécdora.

En este punto le pregunté a mi colega si el estudiante se podía retirar. Le dio la nota más alta.

Tras abandonar el despacho, me encontré con el estudiante y le pedí que me contara sus otras respuestas a la pregunta. Bueno, respondió, hay muchas maneras; por ejemplo, tomas el barómetro en un día soleado y mides la altura del barómetro y la longitud de su sombra. Si medimos a continuación la longitud de la sombra del edificio y aplicamos una simple proporción, obtendremos también la altura del edificio.

Perfecto, le dije, ¿y de otra manera? Sí, contestó, éste es un procedimiento muy básico para medir un edificio, pero también sirve. En este método, tomas el barómetro y te sitúas en las escaleras del edificio en la planta baja. Según subes las escaleras, vas marcando la altura del barómetro y cuentas el número de marcas hasta la azotea. Multiplicas al final la altura del barómetro por el número de marcas que has hecho y ya tienes la altura. Éste es un método muy directo.

En fin, concluyó, existen otras muchas maneras. Probablemente, la mejor sea tomar el barómetro y golpear con él la puerta de la casa del portero. Cuando abra, decirle: "Señor portero, aquí tengo un bonito barómetro. Si usted me dice la altura de este edificio, se lo regalo".

En este momento de la conversación, le pregunté si no conocía la respuesta convencional al problema (la diferencia de presión marcada por un barómetro en dos lugares diferentes nos proporciona la diferencia de altura entre ambos lugares). Evidentemente, dijo que la conocía, pero que durante sus estudios, sus profesores habían intentado enseñarle a pensar.

Aprender a pensar es lo más importante que nos brindan los libros .

El estudiante se llamaba Niels Bohr, físico danés, premio Nobel de Física en 1922, más conocido por ser el primero en proponer el modelo de átomo con protones y neutrones y los electrones que lo rodeaban. Fue fundamentalmente un innovador de la teoría cuántica.

El mismo problema tiene siempre distintas soluciones.

Al margen del personaje, lo divertido y curioso de la anécdota, lo esencial de esta historia es que le habían enseñado a pensar.

Aprendamos a pensar. Hay mil soluciones para un mismo problema, pero lo realmente interesante, lo auténticamente genial, es elegir la solución más práctica y rápida, de forma que podamos acabar con el problema de raíz... y dedicarnos a solucionar otros problemas.

Cada texto, cada libro, requiere de un tipo de lectura particular, pero en todos los casos debemos estar predispuestos a aprender nuevos conceptos.

La importancia del contexto

Cuando leemos, no sólo adquirimos conocimientos nuevos, sino que utilizamos nuestros conocimientos anteriores. Todas las habilidades dependen de la movilización de los conocimientos adecuados.

En la lectura, nuestro conocimiento del lenguaje nos permite reconocer palabras sin identificar todas sus letras. Las "completamos" con lo que esperamos ver, como lo demuestra el bien documetando fenómeno del "error de los correctores de pruebas". Consiste en no advertir errores de copia u ortografía en el texto (como el que aparece en la oración anterior: documetando en vez de documentado). Por suerte, la redundancia del lenguaje hace que la mayoría de esos errores sean inofensivos.

Observa, por ejemplo, qué fácil resulta leer esta oración:

lxs pxlxbrxs pxsxblxs pxxdxn xdxntxfxcxrsx fxcxlmxntx xxnqxx nx

En este caso, el contexto permite descubrir lo que el texto no ofrece.

En un experimento realizado hace varios años, se mostraba a la gente oraciones a las que les faltaba una sola palabra (por ejemplo, "Entró a su casa y colgó su .....".). Luego exhibía muy brevemente la palabra faltante en un aparato que las mostraba por fracciones de segundos controlados con gran precisión. La duración de la exposición aumentaba gradualmente hasta que la palabra era reconocida. Así se halló que las palabras coherentes con el contexto precedente (es decir, por ejemplo, "abrigo") eran reconocidas más rápidamente que las palabras que no tenían nada que ver (por ejemplo, "barco").

Para que el contexto sea efectivo, una persona debe tener conocimiento de la situación a la que se está haciendo referencia. Su conocimiento debe llevar a esa persona a hacer deducciones sobre continuaciones posibles. Cuanto más sepa de aquello de lo que se está hablando, mejores serán sus inferencias y más eficiente su lectura.

En todas las etapas de la lectura podrá usar los conocimientos que ya posee para darle sentido a lo que lee.

Algunas partes del libro le resultarán familiares y le alcanzará con realizar una lectura superficial de las mismas. En otros fragmentos se encontrará con terminología específica o con argumentos que ya tienen un significado bien articulado para él. Los buenos docentes de lectura saben esto y ayudan a sus alumnos eligiendo materiales de lectura iniciales que se relacionen con situaciones que ya sean familiares para ellos. De este modo, los alumnos pueden hacer anticipaciones inteligentes, a partir del contexto, que los ayudan a identificar las palabras que no reconocen. El éxito que obtienen les sirve para aumentar su confianza.

Una serie de estudios ilustran muy bien el papel del conocimiento en la lectura. En ellos, los lectores veían historias simples, presentadas en una computadora, de a un renglón por vez. Cada lector marcaba el ritmo de su propia lectura apretando un botón cada vez que quería una nueva oración. De esta forma, los experimentadores podían medir el tiempo utilizado para leer cada oración. Veamos un ejemplo del tipo de historia que utilizaron:

Identificar bien el contexto es fundamental para entender lo que leemos.

Sus resultados muestran que haciendo las inferencias adecuadas a partir del texto se puede luego leer oraciones con más rapidez, suponiendo que, en general, no se violen las expectativas.

Lectura silenciosa y brujería

La capacidad de leer en silencio no tiene una larga historia. En la Edad Media, mucha gente pensaba que la lectura silenciosa era un logro inexplicable y que quienes eran capaces de hacerla estaban poseídos por el demonio. En esos tiempos parecía increíble que las marcas negras sobre el papel podían tener significado si antes no se las convertía en los sonidos que representaban.

Juan iba a la escuela.
El colectivo avanzaba muy lentamente.
No tenía ganas de dar lección de Matemática.
Después de todo, no era una tarea habitual para un celador.

El contexto y las expectativas que depositas al leer son fundamentales para la comprensión.

La mayoría de los lectores experimenta una leve sensación de confusión y desorientación al leer la tercera y la cuarta frase. Esperamos que Juan sea un alumno, no un docente. Cuando hemos hecho los reajustes necesarios a la nueva información, nos enteramos de que, en realidad, es celador. La tercera oración de la historia requirió más tiempo de lectura que otra ("No tenía ganas de dar lección de Matemática") coherente con la idea de que Juan era un alumno. La prosa normal bien construida no suele violar las expectativas de la forma en que decidieron hacerlo los investigadores.

Los niños aprenden mediante el contacto visual directo.

Esto, que hoy parece una de las tantas creencias erróneas, sin embargo continúa siendo de algún modo relevante para quienes practican una filosofía educativa denominada "fónica".

En ella se afirma que uno aprende a leer asimilando los sonidos típicos de las letras y grupos de letras.

Si se unen estos sonidos se producen sonidos de palabras, que luego "el oído de la mente" puede reconocer.

Otros aprenden con filosofías diferentes, a una de las cuales se la ha llamado "de mirar y decir". En este enfoque, los niños aprenden pares objeto-palabra mediante contacto visual directo, sin una enseñanza sistemática sobre correspondencias letras-sonidos. Así, las paredes de un aula "de mirar y decir" estarán cubiertas de ilustraciones de objetos familiares, cada uno junto con la palabra correspondiente. El reconocimiento rápido de palabras sigue al constante ensayo de estos pares.

La discusión entre quienes apoyan estas dos filosofías ha sido larga y feroz. Quienes defienden lo fónico sostienen que el otro método no proporciona al niño recursos para elaborar el sonido (y, consecuentemente, el significado) de palabras que no ha visto antes. Quienes defienden el "mirar y decir" afirman que no siempre la ortografía tiene la regularidad suficiente como para

 Lectura oral versus lectura silenciosa

La lectura oral o expresiva nos permite mejorar la pronunciación de los sonidos que conforman las palabras, así como el ritmo o la entonación que tiene un texto. En general, contribuye enormemente a mejorar nuestra comunicación porque nos habitúa a hablar en voz alta ante un público, con soltura y naturalidad.
Por otra parte, se acostumbra a la lectura en voz alta, que se la pueda desarrollar en los años inferiores. Cuando los niños repasan sus lecciones y tareas en sus casas, también repiten este proceso, que va creando dificultades progresivas, pues leer en voz alta no se lo puede hacer siempre y en cualquier espacio.
Es preferible no emplear la lectura oral en los grados superiores, pues los niños y las niñas para lograr una cabal asimilación del texto leído, deberían ejercer total concentración y esto sólo es posible en la medida en que lea en silencio. En la mayoría de las escuelas, predomina el criterio de que la velocidad y la dicción son los parámetros para calificar una buena lectura. Este es un criterio incorrecto, en el sentido de que no se valora la asimilación creadora y crítica de los textos por parte de los alumnos y mucho menos sus juicios y opiniones.
Por su parte, la lectura silenciosa resulta más útil para el estudio y la investigación, porque reclama mayor concentración y atención. Es un instrumento efectivo de auto educación y un medio de enriquecimiento de experiencias.
De todas maneras, oral o silenciosamente, la lectura debe ser siempre comprensiva, debemos comprender la totalidad del mensaje que leemos.

El mejor criterio para evaluar una lectura es medir su grado de comprensión.

que la simple traducción letra-sonido funcione de manera confiable, como ocurre por ejemplo en castellano con la H muda. Ambos puntos de vista son válidos. Consideremos, por ejemplo, la siguiente oración:

"Lah mashoría dhe loz hautos tienem kuatro rruedaz ".

Aunque la oración no tiene ninguna palabra castellana, es de todos modos comprensible como representación de una oración en nuestra lengua. Y no hay brujería en esta comprensión, sino un poco de sentido común.

Los niños empiezan a desarrollar su sentido común con la lectura.

Cuando se permite cierta vocalización

En lo que respecta a los lectores adultos expertos, la psicología afirma que éstos disponen, al leer, tanto de un proceso basado en el sonido como de uno basado en la visión directa para llegar al significado de las palabras, y que eligen el camino según la circunstancia.

Además, actualmente se cree que existe más de un tipo de relación basado en el sonido y que puede haber tanto una forma de lectura asociada con movimientos de la laringe como otra que operaría en un nivel totalmente subvocal. Esto se comprende mejor analizando los estudios de los efectos sobre la lectura de lo que se denomina "supresión articulatoria".

En una investigación se le pedía a la gente que fuera repitiendo secuencias de números y palabras que escuchaban a través de auriculares. Esto incluía la repetición en voz alta de las palabras a medida que las iban oyendo. Pero semejante tarea restringe el sistema sonido-discurso. Mientras los sujetos repetían, se les pedía que emitieran diversos tipos de opinión sobre las palabras que se les presentaban visualmente. Por ejemplo, debían juzgar si pares de palabras visualmente similares rimaban o no (por ejemplo: CASA-PASA). Aunque la repetición de lo que oían disminuía la velocidad de lectura, los sujetos podían emitir opiniones correctas.

efectos negativos sobre la comprensión del material de lectura fácil pero que dificultaba la comprensión del material difícil.

Por lo tanto, se puede concluir que la subvocalización ayuda a la comprensión de los pasajes difíciles. Probablemente, la mayoría de nosotros somos conscientes de esto por nuestra propia experiencia.

En los textos muy complejos la subvocalización ayuda a la comprensión y la memoria a corto plazo.

Con textos difíciles, podemos tender a pronunciar las palabras en voz alta. Pero, ¿a qué se deberá esto? La psicología sugiere que semejante discurso resulta útil para mantener las primeras palabras de las oraciones complejas en la memoria de corto plazo, mientras se lee el resto de la oración. Esto es necesario porque uno frecuentemente necesita leer el final de una oración antes de que el significado de su primera parte quede claro.

Esto sugiere decididamente que no es necesario el sistema de sonido-discurso abierto para hacer juicios basados en el sonido. Parece existir algún proceso "interior" más profundamente asentado.

El investigador Baddeley observa: "Es muy evidente para mí que cuando leo, mi lectura va acompañada de algo parecido a una imagen auditiva o articulatoria de las palabras que se están procesando. Esto ocurre con o sin supresión articulatoria".

El hecho de que algunos aspectos de la lectura basados en el sonido puedan tener lugar sin el compromiso evidente del sistema discursivo no significa, sin embargo, que el sistema discursivo no tiene importancia alguna en la lectura.

En otro estudio descubrieron que la lectura silenciosa no tenía

El método de acompañar la lectura con una imágen auditiva, puede llegar a disminuir la velocidad de lectura tanto en los adultos como en los niños.

Este hallazgo también tiene un aspecto opuesto. Si la articulación no es particularmente útil para leer material fácil, podría resultar un obstáculo para la lectura más veloz. La tasa máxima de discurso es, quizá, de unas 4 ó 5 palabras por segundo. Por lo tanto, la lectura con articulación no puede desarrollarse a una cantidad mayor a unas 300 palabras por minuto.

Sin embargo, hay considerables evidencias de que los lectores consumados pueden leer material simple a más del doble de esa velocidad sin pérdida de comprensión. Esto sólo se puede lograr si se suprime la articulación.

Los estudiosos del lenguaje y la lectura veloz recomiendan una forma simple de obligarse a uno mismo a no vocalizar lo que lee. Consiste en repetir alguna palabra una y otra vez mientras se lee (por ejemplo, "papá-papá-papá", etcétera).

> *Diferencias entre un lector poco entrenado y un lector entrenado*

Lector poco entrenado	Lector entrenado
Lee todo de la misma manera.	Lee según el texto (lectura por placer, lectura crítica, de información, etc.)
Lee palabra por palabra.	Lee en bloques.
Se atasca si hay algo difícil.	Deduce el significado por contexto.
No examina el texto ni hace predicciones (títulos, subtítulos, etc.)	Examina el texto y hace predicciones.
No relaciona lo leído con lo que sabe.	Relaciona con lo que sabe.
No hace resúmenes luego de leer.	Hace resúmenes con sus palabras.
No subraya las ideas principales.	Subraya las ideas principales.
No busca un motivo para involucrarse, no se entusiasma.	Busca involucrarse y crear entusiasmo.
	Lee primero con lectura veloz y, según el tipo de texto, luego hace más lecturas.

Lenguaje literario

› *Leer literatura.*

› *Géneros literarios.*

› *La obra literaria.*

Cuando con la palabra, además de transmitir ideas, se intenta crear belleza, estamos en el reino del lenguaje literario. Leer novelas, cuentos, poesías, dramaturgia, es adentrarnos en otros mundos, y vale la pena conocer algunas estrategias de lectura para disfrutarlos a pleno.

Leer literatura
Lectura y comunicación

La literatura es el arte de emplear la palabra como instrumento. Comprende no sólo las producciones poéticas, sino también todas las obras en que caben elementos estéticos.

Funciones lingüísticas

La obras literarias evitan todo lo aberrante, la violencia desatada y las groserías sin motivo.

En la comunicación lingüística hay varias funciones, una de ellas es la **función poética**, que es la que da origen a una obra literaria. "Poética" no significa sólo poesía –como vimos en la definición académica– sino todo aquello cuya finalidad es conmover a través de la belleza. El lenguaje literario obedece pues a motivaciones estéticas, y por lo tanto su objetivo no es informar sino crear algo que interese al lector, que lo atrape, construyendo otra realidad llamada novela, cuento, poesía u obra teatral.

No todas las novelas, cuentos, poesías y obras teatrales son literatura. Sólo pertenecerán a la literatura las obras que están realizadas con arte. Todas las obras literarias tienen valor estético en sí mismas, inalterable en el tiempo, pero pueden estar sujetas a un determinado momento, hasta a una moda que, a veces, las relega por muchos años, como ocurrió por ejemplo con las piezas de Shakespeare, ignorado hasta el siglo XIX.

William Shakespeare, autor de grandes obras literarias como Romeo y Julieta.

Cualidades lingüísticas

El lenguaje de que se vale la literatura no difiere en lo esencial del lenguaje común. Sin embargo, notamos un afán de superación en toda obra literaria.

En nuestra habla común cotidiana, muchas veces repetimos palabras, o faltamos a las reglas gramaticales, incluso empleamos expresiones vulgares o aquellas llamadas "malas palabras". En una obra literaria pueden aparecer esas mismas expresiones, pero casi siempre están destinadas a reflejar la manera de hablar de una persona particular.

El filólogo Rafael Lapesa señala que las cualidades que debe tener una obra literaria desde el punto de vista del lenguaje son:

Claridad

Las ideas expuestas deben entenderse sin que existan interpretaciones contrapuestas. Una obra puede ser "difícil" para un tipo de lector no entrenado, y llana y comprensible para otro más entrenado.

Así, algunos consideran "difíciles" algunos cuentos de Jorge Luis Borges, pero si se les enseña un poco de filosofía comprenden inmediatamente y adhieren a la genialidad del argentino. Lapesa señala que las anfibologías son vicios del lenguaje que tornan confusa una obra, y da este ejemplo: "quienes pretendían gobernar la nación sólo buscaban su bienestar". ¿El bienestar de los gobernantes o el de la nación? Eso es una anfibología: no poder determinar el sentido de algo.

Cualidades desde el punto de vista del lenguaje

> Claridad

Dante Alighieri

> Propiedad

Jorge L. Borges

> Abundancia

Honoré de Balzac

> Armonía

Mario Benedetti

> Corrección lingüística

Johann W. Goethe

> Fuerza decorativa

Guy de Maupassant

> Decoro

Oscar Wilde

Representantes de las cualidades lingüísticas

> Garcilaso de La Vega (1501-1536), uno de los mayores poetas líricos españoles.

Propiedad

La literatura es una hermosa forma para expresarse.

Consiste en el empleo del término exacto. No hay verdaderos sinónimos, sino que cada término tiene sus matices. Un ejemplo de esto pueden ser las siguientes variaciones: *viejo, anciano, viejecito, vejestorio, vejete.*

Fuerza expresiva

Es cuando podemos formarnos inmediatamente una idea mental de algo, como si lo estuviésemos viendo. En una novela de Ramón del Valle Inclán leemos "Su augusta majestad bailaba sacudiendo sus mantecas".

Decoro

No se trata de ser mojigato, sino de no emplear groserías porque sí, por el solo hecho de sacudir al lector. Esto se hizo costumbre en la segunda mitad del siglo XX, al punto que un escritor teatral argentino –Agustín Cuzzani– sorprendía al público de la siguiente manera. Al levantarse el telón, el primer actor salía con un papel en la mano y leía durante casi 5 minutos insulto tras insulto. Luego se guardaba el papel en el bolsillo y decía: "Como parece que no se puede escribir teatro sin poner muchas malas palabras, el autor ha cumplido con la moda, y ahora empezará la función".

Corrección lingüística

Es ni más ni menos que ajustarse a la gramática de la lengua. Sería inconcebible encontrar en una obra literaria algo como "Se me importa" o "Si tendría dinero viajaba".

Armonía

Consiste en colocar las palabras de tal modo que se resalten las cualidades musicales de la lengua. Esto es muy notable en la poesía; por ejemplo, en una de las *Églogas* de Garcilaso de la Vega leemos: "En el silencio sólo se escuchaba / un susurro de abejas que sonaba". El susurro está reforzado por la cantidad de letras S acumuladas en los dos versos. Podemos encontrar musicalidad también en la prosa, como en "Los bordes de la luna aparecían lejanos e imprecisos" de Juan José Arreola, donde ha elegido determinadas palabras que sus acentos provoquen cierto ritmo.

El género dramático está representado por las artes escénicas.

Abundancia

Consiste en la variedad de vocabulario y la sintaxis. Un autor eximio procura no repetir el vocabulario y busca sinónimos o expresiones equivalentes. Lo mismo ocurre con la sintaxis, que suele alternar frases cortas con otras más largas, variedad en la disposición de los verbos y complementos, etcétera.

Géneros literarios

Al leer una obra literaria debemos tener en cuenta a qué género pertenece. La división de la literatura en géneros aparece por primera vez en Platón, en el siglo V antes de Cristo, pero es su discípulo Aristóteles quien más abundó sobre el tema, al punto que su división ha persistido casi intacta hasta nuestros días.

> La **lírica** es una profundización en el propio yo del autor. Se manifiesta subjetivamente, plasmando sus sentimientos, emociones y reflexiones. No necesariamente debe estar en primera persona, pero aquello que se describe siempre representa un solo punto de vista. La lírica suele reconocerse porque tiene una diagramación especial: las palabras no llegan a los márgenes. Son los llamados **versos**, que pueden rimar o no, pues se atiende también a la melodía, al ritmo de las palabras.

> La **narrativa** configura un mundo de acciones humanas o de cosas que se comportan como humanos. Ese mundo, aunque creado por un autor, se muestra como independizado, situado fuera de su creador. Cobran importancia la descripción de lugares y

Las cualidades lingüísticas de un texto literario son las que debemos imitar en nuestros propios textos... aunque no hagamos literatura.

Don Quijote de la Mancha, *obra de Miguel de Cervantes Saavedra.*

personas y los episodios o cosas que ocurren a los personajes. Hay, pues, **personajes**, **hechos** y **espacios**.

▣ El **género dramático** nació con el teatro y sus derivados (cine, radioteatro, televisión). Lo fundamental en el es que no hay relato, sino personajes que dialogan entre sí. El autor lo escribe para ser representado.

Hacia finales del siglo XX se produjeron mezclas de géneros, al punto que algunos productos no pueden clasificarse como se hacía antes.

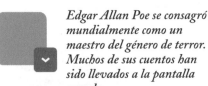

Edgar Allan Poe se consagró mundialmente como un maestro del género de terror. Muchos de sus cuentos han sido llevados a la pantalla grande.

Subgéneros de la narrativa

El género narrativo se divide en los siguientes subgéneros.

Epopeya

A través de unos personajes, implicados en acciones heroicas, se puede deducir la vida, creencias y sentimientos de un pueblo. Las epopeyas están relacionadas con el surgimiento de una nación o con hechos heroicos sucedidos en los primeros tiempos.

Siempre se refiere a hechos del pasado y el autor contempla esos hechos desde afuera. Las primeras epopeyas se transmitían por lo general en forma oral hasta que fueron recogidas por autores, aunque muchas son anónimas, como *El poema de Mío Cid*. Están escritas en verso.

Novela

Se narra un hecho privado (en la epopeya era todo un pueblo el que llevaba a cabo la acción, aun bajo la tutela de un líder). Los personajes no encarnan las ideas o los sentimientos de una nación, como en la epopeya, sino sentimientos particulares. Se escribe en prosa.

Una novela, según los hechos narrados, puede ser de acontecimientos, de personajes o de ideas; aunque estos elementos se encuentran en todas las novelas, hay uno de ellos que predomina sobre los demás.

> ## *La narrativa según su forma exterior*

Novela	*Cuento*	*Epopeya*
Es una **narración extensa**, que puede dividirse en capítulos o partes. No puede leerse "de un tirón". Suele tener muchos personajes, episodios y espacios.	Es una **narración breve**, que se puede leer de un tirón. Por este motivo tiene pocos personajes, hechos y espacios. Exige condensación, y por lo general desarrolla un solo tema.	Es un **relato largo** conformado alrededor de un héroe en los comienzos de una nación. Tiene gran importancia la masa humana que sigue al héroe, cuyas acciones son grandiosas.

Las **novelas de acontecimientos** ponen su acento en los hechos. Ejemplos de esto son las novelas de aventuras, las policiales, las de ciencia ficción, etcétera.

En las **novelas de personajes**, el autor se preocupa por dar a conocer en profundidad a un personaje en particular, ahondando en su espíritu. Al personaje le pasan cosas, hay acciones, pero lo fundamental es ese espíritu enfrentado a esos hechos. El ejemplo máximo es *El Quijote*.

Una **novela de ideas** tiene personajes y acciones, pero están al servicio de demostrar algo desde el punto de vista intelectual. Por ejemplo, *Tirano Banderas*, de Ramón del Valle Inclán, intenta demostrar la barbarie de una dictadura.

La novela se puede dividir en capítulos o partes o en ambas cosas, como ocurre con *El Quijote*.

Ya hemos visto que una novela es extensa, no se puede leer de un tirón.

Cuento

El cuento fue definido por Edgar Allan Poe como un texto breve, que se lee de un tirón, con un único tema. Otros autores agregaron a esto que un buen cuento tiene un comienzo atractivo y un final sorprendente.

A mediados del siglo XX, los cuentos de Jorge Luis Borges significaron una revaloración del concepto de cuento, ya que no tenían un único tema y sus contenidos eran lindantes con la filosofía.

Hay cuentos tradicionales, que son los más antiguos. No tienen autor conocido y se transmitían de manera oral. Son anónimos.

Los cuentos no permiten divisiones ni digresiones, pues son demasiado breves para ello.

Reconocer el género al que pertenece una obra ayuda a su análisis posterior.

La obra literaria

Leer y comprender una obra literaria implica leerla por lo menos dos veces. La primera lectura es para conocer su contenido. La relectura, cuando se trata de una obra muy extensa (por ejemplo una novela de más de 200 páginas), puede ser parcial, según la dificultad del texto

Técnicas de lectura

Sin una relectura, difícilmente se pueda comprender y evaluar una obra literaria.

La relectura es fundamental para comprender la obra y llegar a entenderla totalmente. Una vez releída se procede a efectuar un análisis de los elementos que la constituyen, se procede a valorizar su estructura o partes que la componen y las técnicas con que ha sido elaborada. Algunos estudiantes suponen que no es preciso hacer esta relectura analítica, pero si no lo hacen se privarán no sólo de entenderla sino de gozarla. Así como un profano puede llegar a aburrirse en un partido de tenis, alguien que sepa las reglas del juego, sin duda disfrutará mucho de un encuentro de dicho deporte.

La valoración final de una lectura de una obra literaria nunca debe ser "me gustó" o "no me gustó", sino que debe aportarse un juicio de valor extraído del análisis previo, de algunos conocimientos literarios y de la sensibilidad artística de cada lector.

Método de análisis literario

Si bien no hay un único método para abordar el análisis de una obra literaria, sí se puede dar una orientación general sobre cómo realizar un análisis. Se deberán tener en cuenta estos aspectos:

Juan Ruiz de Alarcón.

El autor

Una biografía no es imprescindible para conocer una obra literaria. Si así fuera no gozaríamos leyendo obras anónimas. Pero cuando buscamos datos del autor en las solapas o la contratapa del libro, en un diccionario enciclopédico o en cualquier otro medio, la biografía nos permitirá comprender algunas características de la obra.

Por ejemplo: la obra teatral *Los pechos privilegiados*, del mexicano Juan Ruiz de Alarcón, trata de los privilegios de los nobles y de la función de las nodrizas en el siglo XVII. Si sabemos que Ruiz de Alarcón reclamó inútilmente su lugar como hijo no reconocido de un español, la obra toma otro cariz: no es sólo producto de su imaginación, sino que en ella está latente el reclamo de tantos americanos despojados de lo que les correspondía.

Entorno cultural

Esto incluye los siguientes ítemes:

▸ **Época y lugar en que se escribió.**

▸ **Escuela, movimiento, tendencia.**

Los movimientos y escuelas se refieren a las tendencias en uso durante determinadas épocas. Así, por ejemplo, en la Antigüedad predominaba la simetría, el orden, la mesura (a esto se lo llama *clasicismo*); en cambio, el *barroco* es lo opuesto: la ruptura del orden, la exaltación de sentimientos, la angustia,

La poesía gauchesca es una peculiar forma del género lírico.

Romanticismo

Première 1. februar 2002 kl.18.00

Robin Hood

La literatura siempre tuvo muchas escuelas y tendencias a lo largo de su evolución.

> Robin Hood, típico exponente del romanticismo.

el dinamismo. El *romanticismo* es la primacía del subjetivismo, el "descubrimiento" de la naturaleza, la búsqueda del pasado legendario, los héroes prototípicos (como bandidos generosos al estilo Robin Hood), etcétera. Conocer los movimientos y escuelas permite comprender mejor a los personajes, ambientes y el estilo de la obra. Por ejemplo, un poema gauchesco sólo se comprende dentro de la cultura de los gauchos, que estaba insertada en el romanticismo, un movimiento que idealizaba a los personajes.

Género y subgéneros

¿Es una obra dramática? ¿Es narrativa? ¿Es lírica?

Tema

El tema se refiere a la idea central. Aunque no hayas leído *Don Qujiote de la Mancha*, sabes que en esta novela un caballero ha perdido la razón y es acompañado por un sirviente que tiene los pies en la tierra. Viven muchas aventuras, pero el tema es que la razón y la fantasía son complementarias; en la pura razón nos asemejaríamos a los animales, en la pura fantasía viviríamos enajenados. El tema de una obra puede estar sobreentendido en el título (por ejemplo *La vida es sueño*) o en algún párrafo dentro de la obra. A veces está expresado por un personaje; otras, se deduce de la relectura.

Recientes investigaciones en el campo de la promoción de la lectura afirman que la literatura ayuda a crear un espacio propio en situaciones traumáticas, como sería la internación en el caso de un niño.

Argumento

Es el relato de lo que acontece, de los hechos. En el género lírico no se trata de buscar un argumento –pues por lo general la poesía no lo tiene– sino de entender las distintas ideas o emociones que se desprenden de los versos. Cuando leas un argumento, descarta los hechos accesorios.

Personajes

Tendrás en cuenta cuáles son los principales protagonistas y cuáles los secundarios. Los analizarás según sus retratos físicos y, fundamentalmente, según sus caracteres. A veces algún personaje es el portavoz de una idea. Un personaje puede ser un

tipo, esto es un modelo de vicios o virtudes; así, el Cid era modelo de padre, súbdito y guerrero. Otros personajes son **caracteres**, esto es, personas excepcionales, como el sanguinario Ricardo III, de Shakespeare. Los personajes pueden ser **estáticos** (no cambian de características durante la obra) o **dinámicos** (evolucionan, cambian).

El autor puede describirlos de manera **simple** (con pocos trazos reveladores) o **compleja** (con abundancia de detalles). Por último, pueden ser **verosímiles** (esto es, parecen reales, lo que hacen puede llegar a realizarse) o **inverosímiles** (por ejemplo Superman, que viene de otro planeta, si ingiere kriptonita pierde sus poderes, no vuela, etcétera).

Espacialidad

Lugar donde se desarrolla la obra. Puede tratarse de un **microcosmos** (lugar pequeño) o de un **macrocosmos** (un espacio geográfico grande). El ambiente se presenta con descripciones que pueden ser **sumarias** o **detalladas**.

Cada subgénero narrativo supone una intención distinta de su autor. Reconocerla ayudará a su comprensión.

En Hamlet *los sentimientos del protagonista se pueden deducir de los detalles descriptivos.*

Sentimientos de los personajes

¿Son piadosos? ¿Temen, odian, aman, vacilan? ¿Qué quiere expresar el autor con esos sentimientos? Por ejemplo, Hamlet simboliza la duda; Otelo, los celos, etcétera. Las obras literarias por lo general expresan un estado emocional dominante, el cual el lector deduce a partir de los detalles descriptivos, la elección de hechos narrados, los diálogos, o de otros medios.

Ideología

¿Qué ideas se desprenden del texto? ¿Qué piensa el autor (o los personajes) sobre el valor, la honestidad, el poder, las mujeres, la imaginación, la religión, etcétera? Todo autor quiere comunicar cosas a sus lectores, quienes deberán inferirlas de las descripciones, diálogos y narraciones.

¿Realidad o fantasía?

¿Se basa en algún hecho real o que pueda ser tomado como real? ¿O es una fantasía y no oculta este hecho? Por ejemplo, Peter Pan viaja al "País del Nunca Jamás", o la niña de *Alicia en el País de las Maravillas* atraviesa un espejo, habla con un conejo, conoce a la reina de corazones de las barajas, etcétera.

Estructura

Es la forma técnica en que está hecha la obra literaria. Desde el punto de vista de la estructura se distinguen los siguientes ítems:

Temporalidad

El tiempo de la acción, que puede ser en una época coincidente con la del autor, una retrospectiva (cuando se refiere a hechos del pasado, como por ejemplo las novelas de piratas) o prospección, esto es, una visión del futuro, como cuando Georges Orwell escribió a mediados del siglo XX su novela *1984,* que incluía un aparato que controlaba a todas las personas, llamado el *Gran Hermano.*

Plan

Los autores, por lo general, antes de escribir una obra elaboran un plan o esquema según el género al que pertenecerá la obra. Así puede dividirse en capítulos o partes una obra narrativa, en actos y escenas una dramática y en estrofas una obra lírica.

Trama o acción

Es la manera en que se desarrollan los hechos dentro de ese plan. El autor puede seguir un orden cronológico o no cronológico, puede regresar a un momento del pasado o adelantarse en el tiempo del relato, etcétera. El final puede ser sorpresivo o no, y hasta puede emplear el final abierto, es decir, no "cerrar" la obra, sino que sea el lector quien suponga cuál puede ser el final.

Punto de vista

Este aspecto se relaciona a la postura de la persona que narra. Un autor puede tomar un punto de vista **omnisciente** cuando lo expone todo, aún lo que ocurre en el interior de sus personajes, como los pensamientos, sentimientos, recuerdos, sueños, etcétera.

Otro punto de vista es el del **testigo**, que puede ser protagonista (se narra en primera persona lo que supuestamente le ha sucedido a uno mismo) o no protagonista, como un mero observador de lo que le ocurrió a otro.

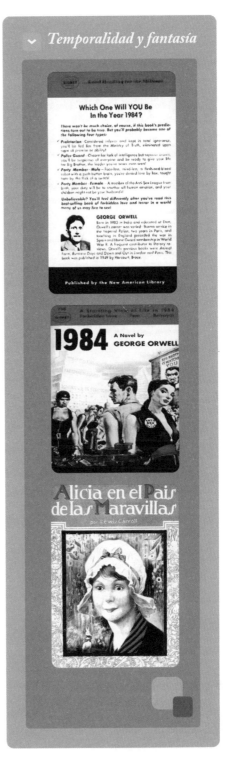

Temporalidad y fantasía

La literatura crea otra realidad, plasmándola con sentido estético.

Reconocer la
estructura
literaria
y los recursos
de estilo
permite
una mejor
comprensión
y un mayor
goce de la
obra
literaria.

El consejo

Si se desea ser un buen lector, hay una premisa básica: leer, leer y leer. La literatura es la manera más agradable para este fin: prácticamente no hay afición que la literatura no aborde.

Leer literatura es adentrarse en otros mundos, es comprender la propia realidad, es poder "dialogar" con una persona sensible que nos hace "ver" a Jesucristo, el mundo del futuro, el pasado glorioso o deleznable, la interioridad de un enamorado, nuestros propios miedos y alegrías.

Como dijo Jorge Luis Borges: "me reconozco menos en mi obra que en la lectura de una obra literaria ajena".

Estilo

Es la forma gramatical y lingüística en que está escrita una obra literaria. El estilo puede analizarse desde los siguientes ángulos:

Lenguaje

Esto comprende el tipo de vocabulario y las palabras que usa. Por ejemplo: indigenismos, cultismos, arcaísmos, neologismos, etcétera. También se tiene en cuenta la sintaxis (oraciones, párrafos, frases) y la morfología (sustantivos, adjetivos, verbos, etc.).

Nivel de lenguaje

Revela un determinado nivel cultural y puede presentar diversos matices: lengua culta, lengua vulgar (por ejemplo, un personaje puede decir "haiga" en lugar de "haya", o "si tendría" en lugar de "si tuviera"), lenguas profesionales (de la ciencia, de la televisión, etcétera), jergas (las propias de grupos de lenguaje vulgar, como el habla de los maleantes).

Recursos estilísticos

El escritor dispone de una gran variedad de recursos, como comparaciones, metáforas, paralelismos, anáforas (repetición intencional de un sonido), etc.

Tono

Se refiere a la actitud del autor hacia el tema que desarrolla o hacia el lector. Puede ser irónico, pesimista, hostil, ridículo, etc.

Títulos publicados

Cómo hablar correctamente y comunicarnos mejor explora las diversas técnicas para expresarnos con seguridad ante un público numeroso. Además, facilita el desarrollo del lenguaje práctico potenciando así las posibilidades de comunicación. Esta y otras obras de la reconocida autora **María Teresa Forero** constituyen una herramienta indispensable para saber utilizar perfectamente todos los recursos del lenguaje.

Cómo elegir mejor qué estudio cursar despliega el extenso panorama de posibilidades a la hora de pensar nuestro futuro. Aborda exhaustivamente todos los requisitos para ser un excelente profesional en el mundo de hoy. Esta obra de la destacada psicopedagoga **Silvia Storino** es un manual de consulta imprescindible para tomar decisiones que se ajusten con mayor precisión a nuestras necesidades.

Cómo leer velozmente y recordar mejor presenta una gran variedad de métodos que nos ayudarán a mejorar la lectura y la comprensión. A su vez, aborda técnicas de concentración y memorización que nos permitirán asimilar distintos tipos de textos en un tiempo reducido.

Autora **María Teresa Forero**.

Cómo escribir correctamente y sin errores ofrece un análisis detallado de los distintos tipos de textos y su clasificación. Aporta además los elementos necesarios para redactar eficientemente todo tipo de escrito.

Autora **María Teresa Forero**.

Hay más títulos en preparación